古典文獻研究輯刊

三二編

潘美月・杜潔祥 主編

第 41 冊

南宋戲謔詩校注
（第四冊）

張 福 清 著

國家圖書館出版品預行編目資料

南宋戲謔詩校注（第四冊）／張福清 著 -- 初版 -- 新北市：
花木蘭文化事業有限公司，2021〔民110〕
目 2+176 面；19×26 公分
（古典文獻研究輯刊 三二編；第 41 冊）
ISBN 978-986-518-422-3（精裝）
1. 宋詩 2. 詩話
011.08   110000636

ISBN-978-986-518-422-3

9 789865 184223

古典文獻研究輯刊
三二編 第四一冊   ISBN：978-986-518-422-3

南宋戲謔詩校注（第四冊）

作　　者 張福清
主　　編 潘美月、杜潔祥
總 編 輯 杜潔祥
副總編輯 楊嘉樂
編　　輯 許郁翎、張雅淋　美術編輯 陳逸婷
出　　版 花木蘭文化事業有限公司
發 行 人 高小娟
聯絡地址 235 新北市中和區中安街七二號十三樓
　　　　 電話：02-2923-1455／傳真：02-2923-1452
網　　址 http://www.huamulan.tw 信箱 service@huamulans.com
印　　刷 普羅文化出版廣告事業
初　　版 2021 年 3 月
全書字數 687400 字
定　　價 三二編 47 冊（精裝）台幣 120,000 元

南宋戲謔詩校注
（第四冊）

張福清　著

目次

卷十七

楊萬里

楊萬里（1127～1206），字廷秀，號誠齋，吉州吉水（今屬江西）人。高宗紹興二十四年（1154）進士。歷太常博士、太子侍讀。光宗朝，召為秘書監，又出為江東轉運副使，改知贛州。紹熙中，致仕。詩與陸游、范成大、尤袤齊名，為南宋中興四大家。有《誠齋集》傳世，存詩四千餘首。今錄戲謔詩99首。

雪。用歐陽公白戰律，仍禁用「映雪」「訪戴」等故事，賦三首示同社〔1〕

其一

夜映非真曉〔2〕，山明不覺遙。盡寒無奈爽，且落未須銷。體怯心仍愛〔3〕，顏衰酒強潮〔4〕。毛錐自堪戰〔5〕，寸鐵亦何消〔6〕。

〔校注〕

〔1〕白戰律：即「白戰體」「禁體物詩」，指禁用某些常用的字。歐陽修《居士外集》卷四《雪》詩自注：「時在潁州作。玉、月、梨、梅、練、絮、白、舞、鵝、鶴、銀等事，皆請勿用。」映雪：孫康映雪之典。孫康，京兆人。《初學記》卷二引《宋齊語》：「孫康家貧，常映雪讀書，清淡，交遊不雜。」訪戴：《世說新語·任誕》：「王子猷居山陰，夜大雪，眠覺，開室，命酌酒，四望皎然。因起彷徨，詠左思《招隱詩》。忽憶戴安道。時戴在剡，即便夜乘小舟就之。經宿方至，造門不前而返。人問其故，王曰：『吾本乘興而行，興盡而返，何必見戴？』」

〔２〕真，《誠齋詩集箋證》校（以下簡稱「《箋證》校」）：「真」字處原作空格，據
　　　北大本與四庫本及《全宋詩》補。

〔３〕怯，《箋證》校：原誤作「怪」，據北大本與四庫本及《全宋詩》改。

〔４〕潮，（元）方回《瀛奎律髓》選此詩作「朝」。

〔５〕毛錐：即毛筆。此句謂作詩。

〔６〕寸鐵：蘇軾《聚星堂雪並敘》云：「忽憶歐陽文忠公作守時，雪中約客賦詩，
　　　禁體物語，於艱難中特出奇麗。」詩中末句云：「當時號令君聽取，白戰不計
　　　持寸鐵。」意謂不許用前人已用過的典故。

其二

是雨還堪拾，非花卻解飛。兒童最無賴，搏弄肯言歸。向樹翻投竹
〔１〕，欺人故點衣。肩寒未妨聳，筆凍可能揮。

〔校注〕

〔１〕此句謂雪落在低垂的樹枝上宛如倒掛的竹子。

其三

細聽無仍有，貪看立又行。落時晨卻暗，積處夜還明。幸自漫山好，
何如到夏清。似知吾黨意，未遣日華晴。

上元夜里俗粉米為繭絲書吉語置其中以占一歲之福禍謂之繭卜因戲作長句〔１〕

　　　去年上元客三衢〔２〕，沖雨看燈強作娛。今年上元家裏住，村落無燈
惟有雨。隔溪叢祠稍簫鼓〔３〕，不知還有遊人否〔４〕。兒女炊玉作繭絲〔５〕，
中藏吉語默有祈。小兒祝身取官早，小女只求蠶事好。先生平生笑兒癡，
逢場亦復作兒嬉〔６〕。不願著腳金華殿〔７〕，不願增巢上林苑〔８〕。只哦少
陵七字詩，但得長年飽吃飯。心知繭卜未必然，醉中得卜喜欲癲。

〔校注〕

〔１〕里俗：鄉里風俗。粉米為繭絲：據《天寶遺事》載：都中上元日造麵繭，餡中
　　　置紙籤或削木書官品，人自探取，以為占卜。當是一種粉團類食品，正月節間
　　　藉以為遊戲的性質。不過南方是以米粉代麵，而作者家鄉風俗所卜又不限「官
　　　品」，此為小異。

〔２〕三衢：指衢州，今浙江衢縣。此詩乾道四年元宵節所作。去年此際作者由江西

赴杭道中過此地，其《上元日晚過順溪》絕句云：「恰恰元宵雨腳垂」，可與本篇所敍參證。

〔3〕叢祠：《史記·陳涉世家》：「又間令吳廣之次所旁叢祠中，夜篝火，狐鳴呼曰：『大楚興，陳勝王』」司馬貞索隱引《戰國策》高誘注：「叢祠，神祠也。叢，樹也。」此指以叢樹為神祠，後泛稱簡陋的小廟。

〔4〕否：協韻讀音如「斧」。

〔5〕炊玉：指蒸煮糯米。韓愈詩：「白玉炊香粳。」

〔6〕「逢場」「作兒嬉」：「逢場作戲」的變用。語出《傳燈錄》。場，本指技藝表演的場地，後來借用此語為遇事聊復隨喜之意。

〔7〕著腳：猶言立足、插腳。金華殿：漢代未央宮中殿名，成帝時鄭寬中、張禹等人在此講說《書經》《論語》。著腳金華，指作文學侍從一類的臣僚而言。

〔8〕增巢：即檜巢、榛巢，巢居之意。上林苑：漢武帝所增修的秦代舊苑，在長安之西，週三百里，離宮七十所，極侈麗，司馬相如有《上林賦》。又東漢洛陽也有上林苑，為皇帝校獵之所。這句說不願作皇帝的弄臣，如鳥獸之被囿居於「禁苑」。

戲嘲金燈花上皁蝶〔1〕

花須為飯露為漿，黑霧玄霜剪薄裳〔2〕。飛繞金燈來又去，不知能有幾多香。

〔校注〕

〔1〕皁，《箋證》校：北大本誤作「皇」。　　皁蝶：黑色蝴蝶。

〔2〕黑霧玄霜：喻蝶翅。玄霜：指蝶翅上之粉狀物。

戲題郡齋水墨坐屏二面二首

其一

兩客呼船一急行，樹林半落半猶青。諸峰最是中峰好，我欲峰頭築小亭。

其二

荊溪四面四無山〔1〕，不是荒林即野田。忽有石崖天半出，飛泉落處稍人煙。

〔校注〕

〔1〕荊溪：在常州宜興縣（今屬江蘇無錫市）南，以近荊南山而得名，為遊覽勝地。

戲贈子仁姪〔1〕

小阮新來覓句忙〔2〕，自攜破硯汲寒江。天公念子抄詩苦，借與朝陽小半窗。

〔校注〕

〔1〕子仁姪：楊克己，字子仁，吉州吉水（今江西吉水）人，萬里族姪。誠齋官常州時，子仁從其遊。性素惠，初作詩五首，誠齋賞其佳，名為《山莊小集》。誠齋為其作《題山莊小集》，云：「莫笑山林小集休，篇篇字字爽於秋。向來楓落吳江冷，一句能銷萬古愁。」詩有小序云：「子仁姪初學作詩，便有可人語，數日得五詩，予題之以《山莊小集》云。」則其亦能詩者，其詩今已不傳。

〔2〕小阮：稱晉阮咸。咸與叔父籍都是「竹林七賢」之一，世因稱咸為小阮。後藉以稱姪兒。

小飲俎豆頗備江西淮浙之品戲題二首〔1〕

其一

滿盤山海眩芳珍，未借前籌已咽津〔2〕。鱟醬子魚總佳客〔3〕，玉狸黃雀是鄉人〔4〕。

〔校注〕

〔1〕俎豆：古代祭祀宴餉時盛食物的兩種禮器。

〔2〕前籌：猶前箸。替別人籌劃。《史記·留侯世家》：「食其未行，張良從外來謁。漢王方食，曰：『子房前！客為我計橈楚權者。』俱以酈生語告於子房曰：『何如？』良曰：『誰為陛下畫此計者？陛下事去矣。』漢王曰：『何哉？』張良對曰：『臣請借前箸為大王籌之。』」楊巨源《酬盧員外》：「謝傅旌旗控上游，盧郎鐏俎借前籌。」咽津：咽下口水，指菜肴饞人。

〔3〕鱟（hòu）醬：即鱟子醬。晉代《交州記》已有鱟子醬、炙鱟的記述。唐代《嶺表錄異》謂「南人取之，碎其肉腳，和以為醬食之」。《北戶錄》崔龜圖注謂鱟「子如麻子，堪為醬，即鱟子醬也」。　　子魚：即鯔魚，因色黑而得名，又誤稱為子魚。宋王得臣《麈史·詩話》：「閩中食鮮最珍者，所謂子魚也。長七

八寸，闊二三寸許，剖之子滿腹，冬月正其佳時。莆田迎仙鎮乃其出處。」梅堯臣《和答韓子華餉子魚》：「南方海物難俱名，子魚珍美無與並。」葉適《送王通判》：「水有子魚山荔枝，借我箸食前籌之。」佳客：比喻非本地產的貴重菜肴。

〔4〕玉狸：即玉面狸，古代有蒸玉面狸這種菜肴。　　黃雀：古代用黃雀做的菜肴較多，如烹黃雀、黃雀鮓等。《茶餘客話》中說：「鼎俎家蒸玉面狸與烹黃雀，必先以蜜塗之。雖沸渫而其膏不走，固之道也。」鄉人：比喻家鄉的常見菜。

其二

味含霜氣洞庭柑〔1〕，鮓帶桃花楚水蟶〔2〕。春暖著人君會否，不教淮白過江南〔3〕。

〔校注〕

〔1〕洞庭柑：太湖洞庭山所產之柑。《文選·左思〈吳都賦〉》：「指包山而為期，集洞庭崦淹留。」劉逵注引王逸曰：「太湖在秣陵東，湖中有包山，山中有如石室，俗謂洞庭。」洞庭又分洞庭東山，洞庭西山。

〔2〕鮓：經加工製作便於儲藏的食品，如醃魚、糟魚之類。桃花水：即春汛。常州為東楚之域，故云「桃花楚水」。蟶：蛤屬，似蛤，出海中。陸龜蒙詩：「度歲賒贏馬，先春買小蟶。」

〔3〕淮白：美魚名。元吳澄《書纂言》：「淮有美魚，謂之淮白魚。」

戲題

蜂居筆管沒人知，誰遣啾啾不住時。最是蝸牛太多事，長將宅子自相隨。

齋房戲題

長瓶舉我充自代〔1〕，短檠留人為莫逆〔2〕。醉鄉無日不瓜時〔3〕，書囷何朝無菜色〔4〕。欲從舉者便彈冠〔5〕，回顧石交難割席〔6〕。子墨客卿善運籌〔7〕，更問渠儂決去留。墨卿轉問子虛子〔8〕，欲說還忘一笑休。

〔校注〕

〔1〕長瓶：指酒瓶。自代：宋代官制有自代之制，即除某官後要薦舉賢者來代替自己，以免賢者久沉下僚。此句謂以酒為友。

〔2〕短檠：一種簡陋的油燈。檠指的是托燈盤的立柱，叫做燈檠或者燈架；以立柱
的長短而分為長檠和短檠，長檠只有富貴人家才能使用，一般人家多用短檠。
韓愈《短燈檠歌》說：「長檠八尺空自長，短檠二尺便且光。」翁森《四時讀
書樂》說：「近床賴有短檠在，趁此讀書功更倍。」此謂晝夜讀書。

〔3〕瓜時：《左傳・莊公八年》：「齊侯使連稱、管至父戍葵丘，瓜時而往，曰：『及
瓜而代。』期戍，公問不至。請代，弗許，故謀作亂。」齊侯在食瓜季節派連
稱、管至父去戍守葵丘，答應第二年食瓜季節派人替換他們。後用「瓜代」「瓜
期」「瓜時」「及瓜」指官吏到任期滿由他人接替。

〔4〕書囷：書房。菜色：指饑民營養不良的顏色。《禮記・王制》：「雖有凶旱水溢，
民無菜色。」鄭玄注：「菜色，食菜之色，民無食菜之饑色。」

〔5〕舉者：舉人自代之人，此指長瓶。彈冠：彈冠相慶。

〔6〕石交：交誼堅固的朋友。割席：指跟朋友絕交。用管寧與華歆之典，語出《世
說新語・德行》：管寧割席分坐曰：「子（指華歆）非吾友也。」此處指短檠。

〔7〕子墨客卿：揚雄虛構的人物，後指文章、文辭。揚雄《長楊賦序》：「聊以筆墨
之成文章，故藉翰林以為主人，子墨為客卿以風。」

〔8〕子虛子：司馬相如作《子虛賦》，託子虛、烏有先生、亡是公三人互相問答。
後因虛構的人或事為「子虛」。《漢書・司馬相如傳上》：「相如以『子虛』虛言
也，為楚稱；『烏有先生』者，烏有此事也，為齊難；『亡是公』者，亡是人也，
欲明天子之義。」

戲題水墨山水屏

棹郎大似半邊蠅〔1〕，摘蕙為船折草撐。今夜不知何處泊，浪頭正與
嶺頭平。

〔校注〕

〔1〕棹郎：船夫。李紳《欲到西陵寄王行周》詩：「驛吏遞呼催下纜，棹郎閒立道
齊橈。」

戲題所見

田家不遣兒牧豬，老烏替作牧豬奴。不羞卑冗頗得志，草根更與豬
為戲。一烏驅豬作觳觫〔1〕，一烏騎豬作騏驥。騎之不穩驅不前，坐看

頑鈍手無鞭。人與馬牛雖各樣，一生同住烏衣巷〔2〕。叱聲啞啞喉欲乾，豬竟不曉烏之言。騎者不從驅者鬥，爭牛訟馬傍無救。豬亦自食仍自行，一任兩烏雙鬥爭。不緣一童逐烏起，兩烏頃刻鬥至死。

〔校注〕

〔1〕觳觫：恐懼戰慄貌。《孟子‧梁惠王上》：「王曰：『捨之，吾不忍其觳觫，若無罪而就死地。』」趙岐注：「觳觫，牛當死地處恐貌。」

〔2〕烏衣巷：在秦淮河南岸，是東晉大貴族王導、謝安家族的聚居地，因三國時吳國在此置烏衣營，衛戍軍士都穿烏衣，因此得名。此借「烏」音，非實指也。

觀小兒戲打春牛〔1〕

小兒著鞭鞭土牛，學翁打春先打頭〔2〕。黃牛黃蹄白雙角，牧童綠蓑笠青箬〔3〕。今年土脈應雨膏，去年不似今年樂。兒聞年登喜不饑，牛聞年登愁不肥。麥穗即看雲作帚〔4〕，稻米亦復珠盈斗〔5〕。大田耕盡卻耕山，黃牛從此何時閒。

〔校注〕

〔1〕打春牛：土製之牛形，舊時用以表示勸農和慶祝春耕的開始。《後漢書‧禮儀志上》：「立春之日，夜漏未盡五刻，京師百官皆衣青衣，郡國縣道官下至斗食令史，皆服青幘，立青幡，施土牛耕人於門外，以示兆民，至立夏。」

〔2〕學翁：翁此地指老者，或為其父，或為其祖，或為別家老人，學翁即學老年人。

〔3〕箬：竹之一種，其葉寬大，可作斗笠或包粽子。青箬即竹葉尚青。

〔4〕雲作帚：比喻天上一縷縷條形雲，如像箬帚。此處比喻麥穗甸甸，如若天上箬帚形的雲。

〔5〕珠盈斗：喻穗粒飽滿，裝滿量斗。

書莫讀

書莫讀，詩莫吟。讀書兩眼枯見骨，吟詩個字嘔出心。人言讀書樂，人言吟詩好。口吻長作秋蟲聲，只令君瘦令君老。君瘦君老且勿論，傍人聽之亦煩惱。何如閉目坐齋房，下簾掃地自焚香。聽風聽雨都有味，健來即行倦來睡。

鵲營巢既成為鳩所據

乾鵲平生浪苦辛〔1〕，一年卜築一番新。如何月下空三匝〔2〕，宅子還將住別人。

〔校注〕

〔1〕乾鵲：即喜鵲。其性好晴，其聲清亮，故名。《西京雜記》：「乾鵲噪而行人至，蜘蛛集而百事嘉。」宋彭乘《墨客揮犀》卷二：「北人喜鴉聲而惡鵲聲；南人喜鵲聲而惡鴉聲。鴉聲吉凶不常，鵲聲吉多而凶少。故俗呼喜鵲，古所謂乾鵲是也。」

〔2〕月下空三匝：曹操《短歌行》：「月明星稀，烏鵲南飛，繞樹三匝，何枝可依？」

舟中戲題〔1〕

花處青山柳處溪，新來宿處舊曾炊。到家失卻行程歷，只檢西歸小集詩。

〔校注〕

〔1〕入選嚴長明輯《千首宋人絕句》。

戲題常州草蟲枕屏〔1〕

黃蜂作歌紫蝶舞，蜻蜓蚱蜢如風雨。先生晝眠紙帳溫〔2〕，無那此輩喧夢魂。眼中了了華胥國〔3〕，蜂催蝶喚到不得。覺來忽見四折屏，野花紅白野草青。勾引飛蟲作許聲，何緣先生睡不驚。

〔校注〕

〔1〕常州草蟲枕屏：在常州任上曾用之物。枕屏：枕前屏風。歐陽修《贈沈遵》：「有時醉倒枕溪石，青山白雲為枕屏。」趙彥衛《雲麓漫鈔》卷三：「紹興末，宿直中官，以小竹編聯，籠以衣，畫風雲鷺絲作枕屏。」陸游有《書枕屏》詩。

〔2〕紙帳：用藤皮繭紙做的帳子。

〔3〕華胥國：黃帝夢遊華胥國而天下大治。後用以喻安樂和平之境和天下大治，亦用以泛指有夢。《列子‧黃帝篇》：「黃帝即位十有五年，喜天下戴己……三月不親政事。晝寢而夢，遊於華胥氏之國。」唐吳融《便殿候對》詩：「待得華胥春夢覺，半竿斜日下廂風。」唐王縉《未明求衣》詩：「長樂鐘才動，華胥夢已歸。」姜夔《踏莎行》：「燕燕輕盈，鶯鶯嬌軟。分明又向華胥見。」

子上持豫章畫扇其上牡丹三株黃白相間盛開一貓將二子戲其旁〔1〕

暄風暖景政春遲，開盡好花人未知。輸與狸奴得春色〔2〕，牡丹香里弄雙兒。

〔校注〕

〔1〕子上：作者族弟。豫章，當謂豫章某人。

〔2〕輸，原作「輪」，據宋本與北大本及四庫本改。　狸奴：貓的別名。陸游《贈貓》：「裹鹽迎得小狸奴，盡護山房萬卷書。」

白魚羹戲題〔1〕

秋水寒魚白錦鱗，薑花橙實獻芳辛〔2〕。東坡玉糝真窮相〔3〕，得似先生此味珍。

〔校注〕

〔1〕白魚：即「白條」，亦作「白鰷」「白鯈」。為淡水魚，大者尺許。

〔2〕橙實：即橙子。

〔3〕東坡句：蘇東坡《過子忽出新意以山芋作玉糝羹色香味奇絕天上酥酡則不可知人間決無此味也》：「莫作北海金虀鱠，輕比東坡玉糝羹。」窮相：吝嗇。

戲筆二首

其一

野菊荒苔各鑄錢〔1〕，金黃銅綠兩爭妍。天公支與窮詩客，只買清愁不買田。

〔校注〕

〔1〕鑄錢：野菊與荒苔均為圓形，故云。

其二

哦詩只道更無題〔1〕，物物秋來總是詩。著意染須玄尚白，梳頭得虱素成緇〔2〕。

〔校注〕

〔1〕哦，《宋詩鈔》與四庫本作「我」。

〔2〕素：指白髮。緇：指虱之色。

梳頭看可正平詩有寄養直時未祝髮等篇戲題七字二首〔1〕

其一

卻因理髮得披文，看盡廬山筆底春。寄語可師休祝髮，癩邊猶有去年痕。

〔校注〕

〔1〕可正平：即釋祖可，字正平。俗姓蘇，名序，蘇堅之子，蘇庠之弟。澧州（今湖南澧縣）人。後為僧，住廬山。被惡疾，人號「癩可」。事蹟見《嘉定鎮江志》卷二〇、《至順鎮江志》卷一九。祖可為江西派詩人，有《東溪集》《瀑泉集》，不傳。吳曾《能改齋漫錄》卷一七云：「釋可正平，工詩之外，其長短句尤佳，世徒稱其詩也。」養直：蘇庠（1065～1147），字養直，初病目，自號眚翁，澧州（今湖南澧縣）人。後徙居潤州丹陽（今屬江蘇）之後湖，更號後湖病民。蘇堅之子。工詩，蘇軾見其《清江曲》，謂置之太白集中，誰疑其非，自是聲名籍甚。宋紹興間，居廬山，與徐俯同召，固辭不赴。十七年卒，年八十三。祝髮：斷髮。削髮為僧。

其二

老子平生湯餅腸〔1〕，客間湯餅亦何嘗。怪來今晚加餐飯，一味廬山筍蕨香。

〔校注〕

〔1〕湯餅：亦稱「煮餅」「湯麵」。湯煮的麵食。宋高承《事物紀原·酒醴飲食部·湯餅》：「魏晉之代，世尚食湯餅。今索餅是也。」《語林》有魏文帝與何晏熱湯餅，即是其物，出於漢魏之間也。」晉束皙《餅賦》：「玄冬猛寒，清晨之會。涕凍鼻中，霜成口外。充虛解戰，湯餅為最。」宋黃朝英《靖康緗素雜記·湯餅》：「凡以麵為餐具者，皆謂之餅。故火燒而食者呼為燒餅，水瀹而食者呼為湯餅，籠蒸而食者呼為蒸餅。」

類試所戲集杜句、跋杜詩，呈監試謝昌國察院〔1〕

有客有客字子美〔2〕，日糴太倉五升米〔3〕。錦官城西生事微〔4〕，盡醉江頭夜不歸〔5〕。青山落日江湖白〔6〕，嗜酒酣歌拓金戟〔7〕。語不驚人死不休〔8〕，萬草千花動凝碧〔9〕。穉子敲針作釣鉤〔10〕，老夫乘

興欲東流〔11〕。巡簷索共梅花笑〔12〕，還如何遜在揚州〔13〕。老去詩篇渾漫與〔14〕，蛺蝶飛來黃鸝語〔15〕。往時文采動人主〔16〕，來如雷霆收震怒〔17〕。一夜水高數尺強〔18〕，濯足洞庭望八荒〔19〕。閶闔晴開映蕩蕩〔20〕，安得仙人九節杖〔21〕？君不見，西漢杜陵老〔22〕，脫身事幽討〔23〕。下筆如有神〔24〕，汝與山東李白好〔25〕。儒術於我何有哉〔26〕？願吹坴水添金杯〔27〕。焉知餓死填溝壑〔28〕，如何不飲令心哀〔29〕？名垂萬古知何用〔30〕？萬牛回首丘山重〔31〕。

〔校注〕

〔1〕類試：即「類省試」之簡稱。宋貢舉考試方式之一。相當於省試的考試。建炎元年（1127），因戰亂道路阻隔，舉人難以赴省試，命各路提刑司選官於轉運司所在州府舉行類省試。紹興五年（1135），恢復省試，僅四川仍實行類省試。七年，由宣撫司移試於制置司。類省試合格舉人，直接參加殿試。《宋史·選舉志二》：「帝嘗封蜀國公，是年，蜀州舉人以帝登極恩，徑赴類省試，自是為例。」陸游《老學庵筆記》：「自建炎軍興，蜀士以險遠，許就制置司類試，與省試同。間有願赴行在省試者，亦聽之。」據此，知楊萬里淳熙十二年（1185）曾有赴川為類試官之行。監試：即監試官。謝昌國：謝諤（1121-1194），字昌國，嘗名其齋曰艮齋，故人稱艮齋先生。臨江軍新喻（今江西新餘）人。少時敏惠，日記千言，為文立成。紹興二十七年（1157）進士，調峽州夷陵縣主簿。未至，攝撫州樂安尉，改吉州錄事參軍，知袁州分宜縣。丁父憂，起授於辦行在諸司糧料院，遷國子監簿，擢監察御史，遷侍御史。淳熙十四年，遷右諫議大夫，兼侍講。所至有惠政。《宋史》卷三八九有傳。察院：官署名。監察御史所居公廨。謝昌國時任監察御史，故以之相稱。宋趙彥衛《雲麓漫鈔》卷七：「唐有三院：御史侍御史謂之臺院，殿中侍御史謂之殿院，監察御史謂之察院。」

〔2〕杜甫《乾元中寓居同谷縣，作歌七首》其一句。

〔3〕杜甫《醉時歌 贈廣文館博士鄭虔》句。　　太，《全唐詩》校「一作泰」。太倉：國家設立的糧倉。災荒年月，太倉開倉減價賣糧，賑濟窮人。

〔4〕杜甫《將赴成都草堂途中有作，先寄嚴鄭公五首》其五句。　　生事：生計，謀生之事。

〔5〕杜甫《曲江對酒》句。　　盡醉江頭夜，《全唐詩》作「苑外江頭坐」。　　苑：古代養禽獸植樹木的地方，後多指帝王遊樂打獵之地。此指芙蓉苑，在曲江西南，是唐朝帝后嬪妃遊幸之所。　　坐不歸：指閒坐不想回家。

〔6〕杜甫《惜別行，送向卿進奉端午御衣之上都》句。

〔7〕杜甫《醉為馬墜，諸公攜酒相看》句。　　嗜，《全唐詩》作「罷」。拓：拿起。

〔8〕杜甫《江上值水如海勢，聊短述》句。

〔9〕杜甫《白絲行》句。　　動凝碧：謂光彩閃鑠。

〔10〕杜甫《江村》句。　　釣鉤，《楊萬里詩集》底本作「釣釣」，誤。據杜詩《江村》及它本改。

〔11〕杜甫《解悶十二首》其二句。

〔12〕杜甫《舍弟觀赴藍田取妻子到江陵，喜寄三首》句。　　共，《全唐詩》校「一作近」。

〔13〕杜甫《和裴迪登蜀州東亭送客逢早梅相憶見寄》句。

〔14〕杜甫《江上值水如海勢，聊短述》句。　　與，《瀛奎律髓》及錢謙益、顧宸、黃生、何焯本、《全唐詩》均作「興」，並誤。朱彝尊《靜志居詩話》云：「渾漫與者，言即景口占，率意而作也。自元以前無有讀作『漫興』者。」參閱王士禛《帶經堂詩話》卷十五、查慎行《初白庵詩評》卷下、梁實秋《讀書劄記・讀杜記疑・漫與》。

〔15〕杜甫《白絲行》句。　　《楊萬里詩集》底本脫「語」字，據杜詩《白絲行》及它本補。黃鸝，四庫本、薈要本作「黃鵠」或「黃鵠」，均誤。　　蛺蝶：蝶類的一種，翅膀赤黃色，有黑紋。　　黃鸝：又稱黃鶯，羽毛黃色，從眼邊到頭後部有黑色斑紋，叫聲優美動聽。

〔16〕杜甫《莫相疑行》句。　　采，《全唐詩》作「彩」。　　人主：君主。

〔17〕杜甫《觀公孫大娘弟子舞劍器行》句。　　雷霆：指伴奏的鼓樂聲。　　收震怒：指舞者在鼓樂聲驟然而止時出場。

〔18〕杜甫《春水生二絕》句。　　數，《全唐詩》作「二」。

〔19〕杜甫《寄韓諫議》句。　　濯足洞庭：《楚辭・漁父》引古歌：「滄浪之水清兮，可以濯我纓；滄浪之水濁兮，可以濯吾足。」據《楚辭》舊注，滄浪水近在楚都。當與洞庭同一水系。洞庭，湖名，在今湖南、湖北交界處。　　八荒：四方四隅稱八荒。

〔20〕杜甫《樂遊園歌》句。　　映蕩蕩：「映」應作「詄」。《楊萬里詩集》底本脫一「蕩」字，據杜詩《樂遊園歌》及它本補。又：四庫本、薈要本「映」作「映」，亦誤。閶闔：神話中的天門，此處指宮殿門。　　詄（dié）蕩蕩：《漢書・禮

樂志》：「天門開，詄蕩蕩。」顏師古注引如淳曰：「詄蕩蕩，天體堅清之狀也。」
謂開闊清朗。

〔21〕杜甫《望嶽》句。　　仙人九節杖：據《列仙傳》載，王烈授赤城老人九節蒼
藤竹杖，拄此竹杖，行走如風，馬不能追。

〔22〕杜甫《醉歌行，贈公安顏少府請顧八題壁》句。家刻本作「君不見，西漢少陵
老晚身，作詩下筆如有神。久與山東李白好，□□□□□□，儒術於我何有
哉？願吹野水添金杯。」多處錯訛。

〔23〕杜甫《贈李白》句。　　脫身：指離開宮廷，自求還山之事。　　事幽討：在
山林中從事採藥、訪道。幽討，指採藥訪道。

〔24〕杜甫《奉贈韋左丞丈二十二韻》句。　　如有神：形容文思敏捷，下筆縱橫自
如。

〔25〕杜甫《蘇端、薛復筵簡薛華醉歌》句。　　山東李白：李白曾居家任城，今山
東省濟寧市，隱居徂徠，徂徠山在山東省泰安市，故稱山東李白。

〔26〕杜甫《醉時歌 贈廣文館博士鄭虔 》句。　　儒術：儒家道術。

〔27〕杜甫《蘇端、薛復筵簡薛華醉歌》句。　　見風吹水動，便想添杯作酒，總是
欲多飲以寬懷耳。梁武帝詩：碧玉捧金杯。

〔28〕杜甫《醉時歌 贈廣文館博士鄭虔 》句。　　溝壑，《楊萬里詩集》底本作「溝
嶽」，誤。據杜詩《醉時歌》原句改。　　填溝壑：棄屍填於溝壑。

〔29〕杜甫《蘇端、薛復筵簡薛華醉歌》句。

〔30〕杜甫《醉時歌 贈廣文館博士鄭虔 》句。

〔31〕杜甫《古柏行》句。　　丘山重：杜詩形容古柏有丘山一樣重。此指丘山重
重。

予因集杜句，跋杜詩呈監試謝昌國察院，謝丈復集杜句見贈，予以百家衣報之

棘闈深鐍武成宮〔1〕，華裾織翠青如蔥〔2〕。謝公文章如虎豹〔3〕，
林間一嘯四山風〔4〕。天下幾人學杜甫〔5〕，千江隔兮萬山阻〔6〕。畫地
為餅未必似〔7〕，更覺良工心獨苦〔8〕。誰登李杜壇〔9〕？浩如海波翻〔10〕。
奄有二子成三人〔11〕，古風蕭蕭追筆還〔12〕。我詩如曹鄶〔13〕，拆東補
西裳作帶〔14〕。令人還憶謝玄暉〔15〕，崑崙虞泉入馬蹄〔16〕。我願四方
上下逐東埜〔17〕，只有相逢無別離〔18〕。

〔校注〕

〔1〕黃庭堅《博士王揚休碾密雲龍同事十三人飲之戲作》句。　　武成宮：宋代武學，在京師武成王廟。

〔2〕李賀《高軒過》句。　　貴賓來訪，穿著華貴的青袍。

〔3〕黃庭堅《送謝公定作竟陵主簿》句。　　謝公：指謝公定祖父謝絳（希深），楊億曾將其文句書於扇，稱「此文中虎也」。楊萬里此詩正好亦寫給謝氏。

〔4〕徐俯《畫虎行為吉州假守蘇公作》句。　家刻本、備要本作「林間一笑回山風」，誤。

〔5〕蘇軾《次韻孔毅父集古人句見贈五首》其三句。

〔6〕韓愈《感春四首》其一句。　　兮：《楊萬里詩集》底本作「號」，誤。據《全唐詩》和它本改。

〔7〕蘇軾《次韻米黻二王書跋尾二首》其二句。　　王文誥注：《三國・魏當・盧毓傳》：文帝舉中書郎，詔曰：選舉莫取有名，名如畫地作餅，不可啖也。

〔8〕杜甫《題李尊師松樹障子歌》句。　　良工：此指優秀的畫家。　　心獨苦：費盡心血地構思經營。

〔9〕杜牧《雪晴訪趙嘏街西所居三韻》句。　　李杜：指李白和杜甫。

〔10〕蘇軾《鳳翔八觀・王維吳道子畫》句。

〔11〕杜甫《李潮八分小篆歌》句。　　奄有：四庫本、備要本作「早有」。二子：杜詩指韓擇木、蔡有鄰。此指謝昌國、楊萬里。

〔12〕黃庭堅《再答明略二首》其二句。

〔13〕黃庭堅《子瞻詩句妙一世乃云效庭堅體蓋退之戲效孟郊樊宗師之比以文滑稽耳恐後生不解故次韻道之》句。　　曹鄶：戰國時的小諸侯國。

〔14〕陳師道《次韻蘇公西湖徙魚三首》其三句。

〔15〕李白《金陵城西樓月下吟》句。　　還，《全唐詩》作「長」。　　謝玄暉：即謝朓，字玄暉，南朝齊詩人。

〔16〕杜甫《王兵馬使二角鷹》句。　　其曾至崑崙、虞泉二處。

〔17〕韓愈《醉留東野》：「我願身為雲，東野變為龍。四方上下逐東野，雖有離別無由逢。」兩聯合為一句。　　東野：韓詩指孟郊，此只用字面義，所以用古字「埜」。

〔18〕見上。但有細微改動。

吳春卿郎中餉臘豬肉戲作古句〔1〕

老夫畏熱飯不能，先生餉肉香傾城。霜刀削下黃水精〔2〕，月斧斫出紅松明〔3〕。君家豬紅臘前作，是時雪沒吳山腳。公子彭生初解縛〔4〕，糟丘挽上凌煙閣〔5〕。卻將一臠配兩螯〔6〕，世間真有揚州鶴〔7〕。

〔校注〕

〔1〕吳春卿：吳澳（1131～1186），字春卿，衢州西安人，紹興二十四年進士，授福州福清主簿，改撫州州學教授。以父憂去，服除，授隆興府教授，轉知建康府浦城縣，以治行聞，官至起居舍人，除起居郎。

〔2〕黃水精：指宰豬時豬體流下的黃色液體。

〔3〕紅松：喻臘肉的顏色。

〔4〕公子彭生：謂彭越，亦作「彭月」「彭蜞」，即螃蟹。舊題蘇軾《艾子雜說》：「艾子行於海上，見一物圓而扁，且多足，問居人曰：『此何物也？』曰：『蟛蚑也。』既又見一物，圓扁多足差小，問居人曰：『此何物也？』曰：『螃蟹也。』又於後得一物，狀貌皆如前所見而劇小，問居人曰：『此何物也？』曰：『彭越也。』艾子喟然歎曰：『何一蟹不如一蟹也？』」高承《事物紀原·蟲魚禽獸·彭越》：「似蟹而小，世傳漢醢彭越以賜諸侯，九江王英布獲得之，不忍視，盡以覆江中，化而為此，故名『彭越』。」白居易《和微之春日投簡陽明洞天》詩：「鄉味珍彭越，時鮮貴鷓鴣。」

〔5〕糟丘：積糟成丘。極言釀酒之多，沉湎之甚。《尸子》卷下：「六馬登糟丘，方舟泛酒池。」《韓詩外傳》卷四：「桀為酒池，可以運舟。糟丘足以望十里，一鼓而牛飲者三千人。」《南史·陳暄傳》，「速營糟丘。吾將老焉。」李白《月下獨酌》詩：「蟹螯即金液，糟丘是蓬萊。」凌煙閣：唐朝為表彰功臣而建築的繪有功臣圖像的高閣。

〔6〕一臠：一塊切成方形的肉。《莊子·至樂》：「奏九韶以為樂，具太牢以為膳。鳥乃眩視憂悲，不敢食一臠。」

〔7〕揚州鶴：唐無名氏《殷芸小說》：「有客相從，各言所志，或願為揚州刺史，或願多資財，或願騎鶴上升。其一人曰：『腰纏十萬貫，騎鶴上揚州。』欲兼三者。」後以「揚州鶴」喻指做官、發財、成仙三者兼而有之，或形容貪婪、妄想，或寫如意之事及得意之態。

戲作司花謠呈詹進卿大監郎中〔1〕

靈君觴客滕王家〔2〕，鼇頭仙人作司花〔3〕。仙人一笑春風起，開盡仙源萬桃李。李花冶白桃倡紅，坐客桃霞李雪中。仙人半酣舞造化，風吹雨打千花空。嬌香煙色付一掃，病苒殘英又嫌老。落花已對春風羞，新花也對春風愁。姚黃魏紫世無種〔4〕，且據眼前桃李休。

〔校注〕

〔1〕詹進卿：《宋史》《萬姓統譜》《兩浙名賢錄》《宋史翼》《會稽續志》《紹興府志》《浙江通志》均無傳。《宋詩紀事》亦僅著里貫科名。事蹟不詳。按：《南宋館閣續錄》卷八：「詹騤，字晉卿。會稽人。淳熙二年進士及第。治詩賦。（淳熙）九年六月除（著作郎）；十年四月為將作少監。」按，《寧國府志》（嘉慶十二年、民國石印本）卷二《職官表》：知淳熙十三年曾知寧國府。亦無傳。薛瑞生《誠齋詩集箋證》：「詹進卿，詹騤，字晉卿，會稽人，一作遂安人。淳熙二年進士第一，官至中書舍人，龍圖閣學士知寧國府。有文聲。宋人名字所用字常常同音混寫，且詩中有句『鼇頭』，此卷後《送詹晉卿大監出宣城》詩中又有『今代稽山賀子真』句，籍里、仕履完全相同，為詹騤無疑。」大監：除國子監祭酒、都水監使者外，其餘如將作監監、少府監監、軍器監監、秘書監監，均簡稱大監，此與少監相對而言。《資治通鑑長編》卷一四八丁巳：「御史中丞，正卿、監，歲得舉正郎以下朝官。」詹寄祿官已至郎中，可已為秘書監亦未可知。

〔2〕靈君：指神仙。黃庭堅《記夢》：「眾真絕妙擁靈君，曉然夢之非紛紜。窗中遠山是眉黛，席上榴花皆舞裙。」范成大《玉華樓夜醮》詩云：「丈人峰前山四周，中有五城十二樓，玉華仙宮居上頭。紫雲潀洞千柱浮，剛風八面寒颸颸，靈君宴坐三千秋。」觴客：饗宴賓客。《史記‧天官書》：「七星，頸，為員官，主急事。張，素，為廚，主觴客。」宋周暉《清波雜志》卷十：「觴客早食，則凜然談經史節義，及政事設施。」滕王：高祖李淵子李元嬰為洪州（今南昌市）都督時封為滕王，建閣以其封號命名。上元二年（675）九月九日重修滕王閣成，洪州都督閻伯嶼在此大宴賓客，王勃省父路經此地，應邀赴宴，當場揮毫，作《滕王閣序》，一座驚服。後又有王緒寫《滕王閣賦》、王仲舒作《滕王閣記》、韓愈作《新修滕王閣記》等。杜牧《懷鍾陵舊遊》：「滕閣中春綺席開，《柘枝》蠻鼓殷晴雷。」

〔3〕鼇頭仙人：指贈主。鼇頭，狀元。司花：本指司花女神，此戲指贈主。

〔4〕姚黃魏紫：姚黃是指千葉黃花牡丹，出於姚氏民家；魏紫是指千葉肉紅牡丹，出於魏仁溥家。原指宋代洛陽兩種名貴的牡丹品種。後泛指名貴的花卉。

李聖俞郎中求吾家江西黃雀醓法戲作醓經遺之〔1〕

江夏無雙小道士〔2〕，一丘一壑長避世〔3〕。裁雲縫霧作羽衣，蘆花柳綿當裘袂。身騎鴻鵠太液池〔4〕，腳踏金蟆攀桂枝〔5〕。渴飲南陽菊潭水〔6〕，饑啄藍田栗玉芝〔7〕。今年天田秋大熟〔8〕，紫皇遣刈神倉穀〔9〕。一雙鳧鳥墮雲羅〔10〕，夜隨弋人臥茅屋〔11〕。賣身不直程將軍〔12〕，卻與彭越俱葅醢〔13〕。解衣戲入玉壺底〔14〕，壺中別是一乾坤。水精鹽山兩岐麥〔15〕，身在椒蘭眾香國。玉條脫下澡凝脂〔16〕，金叵羅中酌瓊液〔17〕。平生學仙不學禪，刳心洗髓糟床邊〔18〕。諸公俎豆驚四筵〔19〕，猶得留侯借箸前〔20〕。昔為飛仙今酒仙，更入太史滑稽篇〔21〕。

〔校注〕

〔1〕范成大《驂鸞錄》：「石湖居士以乾道壬辰（1172）十二月七日發吳郡，帥廣西，泊船姑蘇館。十四日，出盤門。大風雨，不行，泊赤門灣。十五日，發赤門。早飯松江，送客入朧庵。夜登垂虹，霜月滿江。船不忍發，送者亦忘歸，遂泊橋下。十六日，發垂虹，宿震澤。前福州教授聞人阜民伯卿、賀州文學周震震亨皆來會。余去年北征，感腹疾於滑州，且死復生，今惟皮骨粗存。比懷桂林之章，再上疏丐外祠以老，弗獲命，乃樸被行，則從故人李嘉言聖俞致一老成館客與偕。聖俞舉震亨，故今日遠來。」據此，知聖俞乃李嘉言之字。樓鑰《攻媿集》卷五十三《班馬字類序》：「淳熙壬寅（1182），余丞宗正，同年李聖俞為簿，暇日，以一書相示，蓋妻君機所編《史漢字類》也。」據此，知李聖俞與樓鑰同為孝宗隆興元年（1163）進士。《明一統志》卷十七：「李嘉言，廣德人，隆興初進士，後從范成大使北。使事多從其議，歷知常、饒二州。皆有去思。尋以尚書充使而還，有文集二十卷。」醓，白酒。於義不通，疑為「醢」之形誤。醢，鹽，此處指以鹽醃製。

〔2〕江夏，郡名，漢高祖六年置，江西亦在轄內，故稱。小道士：《晉書·王羲之傳》載：山陰道士好養鵝，羲之因市之，道士謂若能寫《黃庭經》，當舉群鵝相贈。羲之欣然寫之，畢，籠鵝而歸。世謂此鵝為「道士鵝」。小道士，意謂僅次於鵝耳。又，黃雀居山林而避世，故以小道士為喻。

〔3〕一丘句：意謂黃雀長期處於山林。　　壑，原作「嶽」，據四庫本與《全宋詩》
　　　改。

〔4〕鴻鵠：即黃鵠，俗稱天鵝。詩中將黃雀比作道士，故「騎鴻鵠」。太液池：禁
　　　苑池沼。位於唐長安城大明宮的北部，是唐代最重要的皇家池苑。

〔5〕金蟆句：金蟆，即金蝦蟆，蟾蜍的美稱。《後漢書‧天文志上》「言其星辰之變」，
　　　南朝梁劉昭注：「羿請不死之藥於西王母，姮娥竊之以奔月。……姮娥遂託身
　　　於月，是為蟾蜍。」又，傳說月中有桂樹。

〔6〕菊潭水，李昉《太平廣記》卷四一四《飲菊潭水》：「荊州菊潭，其源傍，芳菊
　　　被涯澳，其滋液極甘。深谷中有三十餘家，不得穿井，仰飲此水。上壽二三百，
　　　中壽百餘，其七十八十，猶以為夭。菊能輕身益氣，令人久壽。有徵。（出《荊
　　　州記》）

〔7〕藍田：陝西藍田以出玉馳名。粟玉，小顆粒之玉。芝，芝草。栗，《誠齋詩集
　　　箋證》校記：「粟，原作『栗』，據北大本與四庫本改。」

〔8〕天田：帝王之籍田。此泛指農田。

〔9〕紫皇：道教傳說中的最高神。神倉，古時藏祭祀用穀物之所。《禮記‧月令》：
　　　「（季秋之月）乃命冢宰，農事備收，舉五穀之要，藏帝籍之收於神倉，祗敬
　　　必飭。」鄭玄注：「藏祭祀之穀為神倉。」《新唐書‧禮樂志四》：「籍田之穀，
　　　斂而鍾之神倉，以擬粢盛及五齊、三酒，穰橐以食牲。」

〔10〕鳧舄句：指仙履。亦常用為縣令的典實。《後漢書‧方術傳上‧王喬》：「王喬者，
　　　河東人也，顯宗世，為葉令。喬有神術，每月朔望，常自縣詣臺朝。帝怪其來
　　　數，而不見車騎，密令太史伺望之。言其臨至，輒有雙鳧從東南飛來。於是候
　　　鳧至，舉羅張之，但得一隻舄焉。乃詔尚方診視，則四年中所賜尚書官屬履也。」

〔11〕弋人，射鳥的人。　　茅屋，北大本作「芳塵」。

〔12〕程將軍：指漢武帝時將軍程不識。《史記‧魏其武安侯列傳》：「行酒次至臨汝
　　　侯，臨汝侯方與程不識耳語，又不避席。（灌）夫無所發怒，乃罵臨汝侯曰：
　　　『生平毀程不識不值一錢，今日長者為壽，乃效兒女咕囁耳語！』武安為灌
　　　夫曰：『程、李（廣）俱東西宮衛尉，今眾辱程將軍，仲孺獨不為李將軍地
　　　乎？』」

〔13〕彭越：漢高祖時將軍，策封為梁王，後遭殺戮。據傳其魂化為螃蟹，詳見「公
　　　子彭生」注。此處以彭越代指螃蟹。

〔14〕玉壺：盛器之美稱。指醃黃雀的盛器。

〔15〕水精鹽：一種晶瑩明澈如水精的鹽。李白《題東溪公幽居》：「客到但知留一醉，盤中只有水精鹽。」兩歧麥，一株麥子長出兩個穗子，亦泛指麥。此處似應指用好麥磨出的白麵，因鹽、麵皆為醃製黃雀之必需品。

〔16〕玉條脫：玉鐲。孫光憲《北夢瑣言》卷四：「宣宗嘗賦詩，上句有『金步搖』，未能對，遣未第進士對之。庭雲（筠）乃以『玉條脫』續也。」此處以「玉條脫」喻黃雀美麗的皮毛。「脫下」，謂剝去黃雀皮毛。凝脂，謂黃雀肉之肥美。

〔17〕金叵羅：金製酒器。

〔18〕糟床：醃製食物的几案。

〔19〕俎豆：盛食物的器具，此處謂宴席。

〔20〕猶得句：《史記・留侯世家》：「食其未行，張良從外來謁。漢王方食，曰：『子房前！客有為我計橈楚權者。』俱以酈生語告於子房，曰：『何如？』良曰：『誰為陛下畫此計者？陛下事去矣。』漢王曰：『何哉？』張良對曰：『臣請藉前箸為大王籌之。』」留侯，即張良。

〔21〕太史：指《史記》的作者司馬遷。滑稽篇，《史記》中有《滑稽列傳》，故云。

招陳益之李兼濟二主管小酌益之指蠶豆云未有賦者戲作七言蓋豌豆也吳人謂之蠶豆〔1〕

翠莢中排淺碧珠，甘欺崖蜜軟欺酥〔2〕。沙瓶新熟西湖水，漆楄分嘗曉露腴〔3〕。味與櫻梅三益友〔4〕，名因蠶繭一絲絇〔5〕。老夫稼圃方雙學，譜入詩中當稼書。

〔校注〕

〔1〕陳益之：陳謙（1144～1216），字益之，號易庵，又號水雲，永嘉人。為陳傅良從弟。乾道八年（1172）進士，授福州戶曹，主管刑工部架閣文字，遷國子錄，敕令所刪修官。寧宗初，累官至戶部郎中、總領湖廣財賦。慶元黨禁起，以親附丞相趙汝愚坐斥。黨禁解，起為提點成都府路刑獄，移京西運判，復直煥章閣。支持韓侂胄北伐，遷司農少卿、湖廣總領，除京湖宣撫司參謀官。襄陽兵敗，坐罪奪職罷任，尋起知江州。韓侂胄被誅，坐為韓侂胄黨羽罷任奉祠而卒。著有《易庵集》《雁山詩記》《永寧編》十五卷等。謙少有高名，與陳傅良等七人同稱「永嘉英俊」，《荊溪林下偶談》卷四謂其「論事豪勇，而作文善為詰屈聱牙」，陳傅良因此贈詩規之。《宋史》卷三九六有傳。李兼濟：李沐，字兼濟，號毓齋，湖州德清人。治詩賦，乾道八年（1172）進士。紹熙元年（1174）

除秘書丞。附攻慶元黨人，排趙汝愚，善類一空，公論醜之。歷右正言、右諫議大夫，累遷浙東提舉常平公事，嘉定八年罷宮觀，後卒。嘗兼侍講，有《易說》一卷（佚）等。《宋史》無傳。其事見《宋元學案補遺》《南宋書》《史質》等。主管，陳當時「主管刑工部架閣文字」，李應主管「浙東常平公事」。

〔2〕崖蜜：即櫻桃。蘇軾《橄欖》：「待得微甘回齒頰，已輸崖蜜十分甜。」王直方《王直方詩話·東坡〈橄欖〉詩崖蜜解》：「崖蜜，櫻桃。出《金樓子》。」惠洪《資國寺春晚》：「美忻崖蜜嘗新果，香識山礬稱意花。」

〔3〕漆楄：油漆的食物盛器。

〔4〕三益友：以三種物為友。此指豌豆、櫻、梅為三友。

〔5〕名因句：因豆莢長得像一束蠶繭而得名蠶豆。一絲絢，一束。劉餗《隋唐嘉話》卷下：「張昌儀兄弟恃易之、昌宗之寵，所居奢溢，逾於王主，末年有人題其門曰：『一絢絲，能得幾日絡？』」

都下食筍自十一月至四月戲題

竹祖龍孫渭上居〔1〕，供儂樽俎半年餘。斑衣戲彩春無價〔2〕，玉版談禪佛不如〔3〕。若怨平生食無肉〔4〕，何如陋巷飯斯蔬〔5〕。不須臾韭元修菜〔6〕，吃到憎時始憶渠。

〔校注〕

〔1〕竹祖：《史記·貨殖列傳》：「陳夏千畝漆，齊魯千畝桑麻，渭川千畝竹，……此其人皆與千戶侯等。」孟浩然《登總持寺浮屠》：「竹繞渭川遍，山連上苑斜。」龍孫：竹子之一種，筍為竹之嫩芽，故龍孫為筍的別稱。梅堯臣《韓持國遺洛筍》：「龍孫春吐一尺芽，紫錦包玉離泥沙。」陸游《癸亥正月十四夜夢三山竹林中筍出甚盛欣然有作》：「一夜四山雷雨起，滿林無數長龍孫。」

〔2〕斑衣：《北堂書抄》卷一二九引《孝子傳》，謂老萊子年七十，父母尚在，因常服斑衣，為嬰兒戲以娛父母。班，通「斑」。《三國志·吳書·孫皓傳》：「司空孟仁」裴松之注引《楚國先賢傳》：「宗母嗜筍。冬節將至，時筍尚未生，宗入竹林哀歎，而筍為之出，得以供母。」孟宗，江夏人，為避吳主孫皓字諱。改名仁。

〔3〕玉版句：惠洪《冷齋夜話·東坡作偈戲慈雲長老》：「（蘇軾）嘗要劉器之同參玉版和尚……至廉泉寺，燒筍而食，器之覺筍味勝，問此筍何名。東坡曰：『即玉版也。此老師善說法，要能令人得禪悅之味。』於是器之乃悟其戲。」玉版，筍的別名。故蘇軾以之與玉版和尚為戲。

〔4〕若怨句:《戰國策·齊策四》:「(馮諼)居有頃,倚柱彈其劍,歌曰:『長鋏歸來乎,食無魚!』左右以告。孟嘗君曰:『食之,比門下之客。』居有頃,後彈其劍,歌曰:『長鋏歸來乎,出無車!』左右皆笑之,以告。孟嘗君曰:『為之駕,比門下之車客。』」

〔5〕何如句:《論語·雍也》:「賢哉,回也!一簞食,一瓢飲,在陋巷,人不堪其憂,回也不改其樂。」斯蔬,是蔬。

〔6〕不須句:《南齊書·庾杲之傳》:「(庾杲之)清貧自業,食唯有韭菹、瀹韭、生韭雜菜。或戲之曰:『誰謂庾郎貧,食鮭常有二十七種。』言三九(韭)也。」元修菜,即巢菜,亦稱野蠶豆。蘇軾《元修菜》詩序:「菜之美者,有吾鄉之巢,故人巢元修嗜之,余亦嗜之。元修云:『使孔北海見,當復云吾家菜耶?』因謂之元修菜。」陸游《巢菜詩》序:「小巢生稻畦中,東坡所賦元修菜是也。吳中絕多,名漂搖草,一名野蠶豆,但人不知取食耳。」

尤延之檢正直廬窗前紅木犀一小株盛開戲呈延之〔1〕

水沈國裏御風歸〔2〕,栗玉肌膚不肯肥〔3〕。元是金華學仙子〔4〕,新將柿葉染秋衣。不應裝束追時好,無乃清臞悔昨非。為妒尤郎得尤物,故將七字惱芳菲。

〔校注〕

〔1〕尤延之(1124,1127～1193,1202),即尤袤,字延之,小字季長,號遂初居士,晚年號樂溪、木石老逸民,常州無錫(今屬江蘇)人。首取孫綽《遂初賦》以自號遂初居士。紹興十八年進士,累遷太常少卿。光宗即位,言者以為周必大黨,遂與祠。紹熙初,起知婺州,改太平州,召除給事中,終禮部尚書,諡文簡。有《遂初小稿》六十卷、《內外制》三十卷,今僅存《梁溪遺稿》及《遂初堂書目》各一卷。《宋史》卷三八九有傳。

〔2〕水沈句:謂其香。

〔3〕栗玉,即栗玉花,水仙花的別稱。黃庭堅《吳君送水仙花並二大本》:「折送南園栗玉花,並移香本到寒家。」

〔4〕金華:即金華洞,道書稱三十六洞天之一,在浙江金華市北金華山下。《雲笈七籤》卷二七:「第三十六金華山洞,周回五十里,名曰金華洞元天,在婺州金華縣,屬戴真人治之。」

新寒戲簡尤延之檢正

逗曉添衣並數重〔1〕，隔晡剩熱尚斜紅〔2〕。秋生露竹風荷外，寒到雲窗霧合中。半點暄涼能幾許，古來豪傑總成空。木犀香殺張園了〔3〕，雪嗅金挼欠兩翁。

〔校注〕

〔1〕逗曉：破曉，天剛亮。周邦彥《鳳來朝·佳人》詞：「逗曉看嬌面。小窗深、弄明未遍。」趙希鵠《研屏辨》：「逗曉不辨道路，為一石所礙。」

〔2〕隔晡：過了申時。晡：申時，即十五至十七時。韓愈《贈侯喜》：「晡時堅坐到黃昏，手倦目勞方一起。」斜紅：指斜陽。　晡，原誤作「哺」，據《宋詩鈔》與四庫本及《全宋詩》改。

〔3〕木犀：即桂花。常綠灌木或小喬木，葉橢圓形，花簇生於葉腋，黃色或黃白色，有極濃鬱的香味，可製作香料。清顧張思《土風錄·木犀花》：「浙人呼岩桂曰木犀，以木紋理如犀也。」清沈復《浮生六記·閒情記趣》：「庭中木犀一株，清香撩人。」張園，據《武林舊事》卷五「湖山勝概」載，張氏園在西湖孤山路。陸游《張園海棠》：「此園低樹猶三丈，錦繡卻在青天上。」

左藏南庫西廡下紙合負暄戲題〔1〕

左帑火禁，清寒非人間有也。而庫官孔仲石、段季承、史伯載〔2〕，心匠天巧，創一火合，不薪不炭，暖亦非人間有。予以小暘谷名之〔3〕，且賦絕句。

水衡仙客住冰天〔4〕，雪齧風餐更禁煙〔5〕。不是移來小暘谷，老夫凍折兩詩肩。

〔校注〕

〔1〕左藏：古代國庫之一，以其在左方，故稱。宋初諸州貢賦均輸左藏，南宋又設左藏南庫。負暄：猶云曬太陽，將東西放在太陽下曝曬。

〔2〕孔仲石、史伯載，均未詳。段季承，《誠齋集》卷八十二《龍湖遺稿序》：「吾友衡陽段昌世字季成，以達學儒，先起草萊，奉淳熙乙未大對，有卓詭切至之忠言，當聖心者，擢在甲科之四，不寧為十人之前而已。不曰遴之之艱歟！然同年其前乎？季成二三人者，或持釣樞，或掌絲綸，而季成獨不幸早逝，終官於水衡都內而止耳……季成既沒，其子光朝詮次其詩文，得十四卷，曰《龍湖

遺稿》。予嘗與季承同朝且同官，又嘗唱和詩卷，其詩清婉而其文清潤，讀其集見其人了了在目中也。」後署「慶元戊午（1198）十月」。《誠齋集》卷一百二《跋段季承所藏三先生墨蹟》云：「六一先生、半山老人、東坡居士間，何闊也。因段季承為介紹，乃一日並得，望履幕下，快哉！淳熙丁未之後三日廬陵楊萬里敬書。」

〔3〕暘谷，日出之處。《尚書・堯典》：「分明羲仲，宅嵎夷，曰暘谷，寅賓日出。」孔傳：暘，明也。日出於谷而天下明，故稱暘谷。孔穎達疏：「日所出處。名曰暘明之谷。」《列子・湯問》：「夸父不自量，欲追日影，逐之於暘谷之際。」夸父渴死之地為暘谷。暘谷，日落之地。

〔4〕水衡：古官名。水衡都尉、水衡丞的簡稱。漢武帝元鼎二年所置，至隋始廢。

〔5〕雪齧風餐：形容氣候嚴寒惡劣。

含笑

大笑何如小笑香，紫花不似白花妝。不知自笑還相笑，笑殺人來斷殺腸。

省中見樹上啄木鳥戲題〔1〕

一啄高高一啄低，一聲聲急一聲遲。可憐去蠹勞心口，蟻入枯梨自不知。

〔校注〕

〔1〕省中：禁中，宮中。

戲題簷間蜘蛛

屋角籬尖竹樹陰，可憐用盡許機心。凝身不動如無物，頓網輕搖試有禽。絲貫日華明五色，戲隨風舞忽千尋。看渠經緯來還去，忘卻摧隤立不禁〔1〕。

〔校注〕

〔1〕摧隤：猶摧頹。摧毀，倒塌，衰敗。《紅樓夢》第九四回：「海棠何事忽摧隤，今日繁花為底開？」隤，同「頹」。

玉壺餞客獨趙達明末至云迓族長於龍山且談道中事戲為紀之二首
〔1〕

其一

南山行盡到西湖〔2〕，卻上扁舟赴玉壺。十里便成三十里，暑中何處不長塗。

〔校注〕

〔1〕北大本題至「龍山」止，且其詩為「花帽珠來重」首，其後則接《寄奉新鐘宰》《雨後曉登碧落堂》《玉井亭觀白蓮》《新秋晚酌》四題六詩，其後此首則題《且談道中事戲為紀之》。按此四題六詩寫江西筠州景事，且原本在《江西道院集》中，北大本顯為錯簡，題下原無「二首」字，據《全宋詩》補。　玉壺：御苑之一，在西湖孤山路。《晚泊玉壺得十絕句》之十：「遊盡西湖賞盡蓮，玉壺落日泊樓船。」周汝昌注：「玉壺，南宋御園之一，在錢塘門外。」趙達明，未詳。本卷前有《趙達明大社回於四月一日招遊西湖十首》詩。其二既稱「公子」，當為皇族。龍山：蘇軾《同曾元恕遊龍山，呂穆仲不至》查注引《咸淳臨安志》：「龍山在嘉惠門外，去城十里。」田汝成《西湖總序》：「自清波門折而南，為方家峪，又西南為慈雲嶺，嶺之南為龍山，山上有天真禪寺。」

〔2〕南山：即題中之龍山。

其二

公子從來火傘中〔1〕，解衣未定語匆匆。山行觸熱端何事〔2〕，夾路楊梅樹樹紅。

〔校注〕

〔1〕從來，《箋證》作「來從」，校云：「原作『從來』，據四庫本倒。」　火傘：喻烈日。韓愈《遊青龍寺贈崔大補闕》詩：「光華閃壁見神鬼，赫赫炎官張火傘。」

〔2〕觸熱：冒著炎熱。漢崔駰《博徒論》：「（博徒）乃謂曰：『子觸熱耕耘，背上生鹽。』」

嘲檞子

雨裏船中不自由，無愁檞子亦成愁。看渠坐睡何曾醒，及至教眠卻掉頭。

和尤延之見戲觸藩之韻以寄之〔1〕

儂愛山行君水遊，尊前風味獨宜秋。文戈卻日玉無價〔2〕，器寶羅胸金欲流〔3〕。欬唾清圓談者詘〔4〕，詩章精悍古人羞。子房莫笑身三尺，會看功成自擇留。〔5〕

〔校注〕

〔1〕寄之，《宋詩鈔》無「之」字。尤延之：即尤袤。觸藩：比喻到處碰壁。語出《周易‧大壯》：「羝羊觸藩，羸其角。」董仲舒《士不遇賦》：「努力觸藩，徒摧角矣。」駱賓王《早秋出塞寄東臺祥正學士》：「弔影慚連茹，浮生倦觸藩。」尤袤《梁溪集》今不存，原詩亦逸。

〔2〕文戈句：活用卻日戈典。《淮南子‧覽冥訓》：「魯陽公與韓構難，戰酣，日暮，援戈而撝之，日為之反三舍。」謂贈主文筆遒勁，可以卻日，如玉之無價。

〔3〕器寶句：謂胸中盡是珠寶。

〔4〕欬唾清圓：猶云談吐如珠玉。《三國志‧吳志‧甘寧傳》：「寧時有三百兵，乃曰：『可復以五百人益吾，吾往對之，保羽聞吾欬唾，不敢涉水，涉水即是吾禽。』」談者詘，使談者折服。

〔5〕四庫本注云：「延之戲誠齋為羊，誠齋戲延之為蚱蜢。」　張良（前300？～前185年），字子房，封為留侯，謚號文成，潁川城父人。張良因暗殺秦始皇失敗，為躲避追查而改其他名字。張良是漢高祖劉邦的謀臣，漢朝的開國元勳之一，與蕭何、韓信同為漢初三傑。《史記‧留侯世家》太史公曰：「余以為其人（張良）計魁梧奇偉，至見其圖，狀貌如婦人好女。蓋孔子曰：『以貌取人，失之子羽。』留侯亦云。」張良輔佐高祖取天下，功成則身退，被封為留侯，故云。按：此詩誠如四庫本所注「誠齋戲延之為蚱蜢」，詩所云云，句句寫蚱蜢，又句句雙關。

嘲報春花

嫩黃老碧已多時，駁紫癡紅略萬枝〔1〕。始有報春三兩朵〔2〕，春深猶自不曾知。

〔校注〕

〔1〕駁紫癡紅：駁，癡愚。

〔2〕始，自注：去聲。

答陸務觀佛祖道院之戲〔1〕

老禪分得破叢林，薄供微齋也不曾。道院敕差權院事，筠庵身是住庵僧。人間赤日方如火，松下清風獨似冰〔2〕。別有暮春沂水在〔3〕，為君一滴灑千燈〔4〕。

〔校注〕

〔1〕佛祖道院：宋置道籙正管理宗教事，稱道籙院。江西道院本是筠州的別稱，故陸游以「佛祖道院」為戲。按：今《劍南詩稿》無此戲詩。

〔2〕似，北大本作「如」。

〔3〕別有句：意謂知時處世，逍遙遊樂。《論語·先進》：「（曾點）曰：『莫春者，春服既成，冠者五六人，童子六七人，浴乎沂，風乎舞雩，詠而歸。』」

〔4〕灑千燈：灑向千盞佛家的智慧燈。佛教以為燈指明破暗，因用以喻佛法。習鑿齒《與釋道安書》：「若慶雲東徂，摩尼回曜，一躡七寶之座，暫現明哲之燈。」劉禹錫《送僧元暠東遊》：「傳燈已悟無為理，濡露猶懷罔極情。」

問塗有日戲題郡圃〔1〕

今年郡圃放遊人〔2〕，懊惱遊人作撻春〔3〕。到得老夫來散策〔4〕，亂吹花片總成塵。商量歲後牢關鎖，拘管風光屬病身。造物嗔儂先遣去，遣儂儂去不須嗔。

〔校注〕

〔1〕問塗：猶云上路。

〔2〕年，《誠齋詩集箋證》作「日」。校記：「『日』，原作『年』，據北大本改。《宋詩鈔》作『朝』。」　郡圃：宋不設郡，但習慣仍稱州為郡，故州署後的園圃亦稱「郡圃」。

〔3〕撻春：立春。立春亦稱之「打春」「撻春」，是因為立春祀典中有一項鞭打春牛的重要民俗活動。《海城縣志》：「舊俗：先立春一日，守土官率屬迎春於東郊，頒分時刻，公服祭勾芒神。……翌日清晨，縣官復率屬至東郊春廟前，鞭牛三匝，名曰『打春』。」《灤州志》：「立春時，詣神行禮畢，鼓吹以鞭土牛，遂磔焉。俗謂之『撻春』。」《誠齋詩集箋證》誤注為：「『撻春』，應為『踏春』之誤。」

〔4〕散策：是指拄拐杖散步。杜甫《鄭典設自施州歸》詩：「北風吹瘴癘，羸老思散策。」

戲贈江干蘆花

避世水雲國，卜鄰鷗鷺家。風前揮玉麈〔1〕，霜後幻楊花〔2〕。骨相緣詩瘦，秋聲訴月華。欲招盧處士〔3〕，歸共老生涯。

〔校注〕

〔1〕麈，原誤作『塵』，據四庫本與《全宋詩》改。　　玉麈：本謂玉柄麈尾，此喻指飄蕩的蘆花。

〔2〕楊花：本謂柳絮，此亦喻指蘆花。

〔3〕盧處士：用諧音喻指蘆葦。

道傍怪松

夾道長松去去幽，一松奇怪獨凌秋。兩枝垂地卻翻上，活走雙龍戲翠球〔1〕。

〔校注〕

〔1〕走，四庫本作「是」。

觀田中鸜鵒啄粟因悟象耕鳥耘之說戲題二首〔1〕

其一

烏衣緇布外無華〔2〕，白錦中單分外嘉。只麼跳行人不覺，忽然飛起自成花。

其二

粟黃蕎白未全秋，誰報烏衣早作偷。只在林梢築倉廩，便知去處若為搜。

〔校注〕

〔1〕鸜鵒：即鴝鵒，俗稱八哥。象耕鳥耘：左思《吳都賦》：「象耕鳥耘，此之自與。」李善注引《越絕書》：「舜葬於蒼梧，象為之耕；禹葬會稽，鳥為之耘。」漢王充《論衡·書虛》：「傳書言：舜葬於蒼梧，象為之耕；大禹葬會稽，鳥為之田。」後用以形容民風古樸。

〔2〕烏衣：黑衣，古時多為兵士之服，今南京東南有烏衣巷，起於三國吳時曾於此置烏衣營；兵士皆服烏衣，遂以烏衣為巷名。《世說新語·雅量》：「吾角巾徑

還烏衣。」注引《丹陽記》：「烏衣之起，吳時烏衣營所起處所也。」緇布：緇
布冠，官帽名，晉以前用，黑色布冠。《晉書・輿服志》：「緇布冠：蔡邕云即
委貌冠也。太古冠布，齊則緇之。」

過烏石大小二浪灘俗呼浪為郎因戲作竹枝歌二首〔1〕

其一

灘聲十里響千鼕〔2〕，躍雪跳霜入眼奇。記得年時上灘苦，如今也有
下灘時。

其二

小郎灘下大郎灘〔3〕，伯仲分司水府關。誰為行媒教作贄，大姑山與
小姑山〔4〕。

〔校注〕

〔1〕烏石：即烏石寺。《浙江通志》卷三三：「靈石寺，《嚴州府志》：在縣東守祿村，
　　舊名靈石院，一名烏石寺。五代時長守禪師開山，宋建中靖國元年知州馬玗改
　　今名。」

〔2〕鼕：古代軍中的一種小鼓。

〔3〕大浪灘：《嚴州圖經》卷二：「建德縣：灘：大浪灘。」《乾隆浙江通志》卷一
　　九：「大郎灘。《新定續志》：『在縣東十里江南。』」

〔4〕大姑山，山形如靴，又名鞋山。在湖口縣南，獨峙鄱湖中。北魏酈道元《水經
　　注》云：「有孤石介立大湖中，周回一里，聳立百尺，矗然高峻，特為瑰異……
　　耆舊云：昔禹治洪水至此，刻石紀功；或言秦始皇所勒。」孫光憲《北夢瑣言》
　　卷十二：「西江中有兩山孤拔，號大者為大孤，小者為小孤……後人語訛，作
　　姑姊之姑，他祠山上，塑像豔麗。」

自嘲白鬚三首〔1〕

其一

強惜數莖鬚，惟愁白卻渠。朝來都白盡，愁惜兩何如。

其二

客傳涅鬚法〔2〕，老子付一笑。借令白再玄，能令年再少。

其三

涅髭只誑客，那可誑妻兒。誑得妻兒著，還能誑面皮。

〔校注〕

〔1〕原無「三首」二字，據《全宋詩》補。　　〔2〕涅：染黑。

寓仙林寺待班戲題〔1〕

聽盡鐘魚半月聲〔2〕，浪傳移住竟何曾。莫教少欠叢林債，更作今宵旦過僧。

〔校注〕

〔1〕仙林寺：仙林慈恩普濟教寺，簡稱仙林寺，位於臨安鹽橋北。紹興三十二年（1162）名僧洪濟大師智卿創建，高宗皇帝賜額。《浙江通志》卷三三《杭州府》：「仙林橋，《明一統志》：在府治東北五里。《夢粱錄》：仙林寺東。」

〔2〕鐘魚：寺院撞鐘之木，因製成鯨魚形，故稱。此借指鐘聲。半月：作者在仙林寺留住半月。其後《送殘秋》詩序云：「余七月間在高安郡治，一夕夢至修門外，宿留旅邸，問逆旅主人地名謂何，答云『送殘秋』，莫曉其意。八月十二日拜召命，是日啟行。九月十二日入修門，寓仙林寺，至十月三日奏事選德殿，竟送殘秋云。」

自跋《江西道院集》戲答客問〔1〕

其一

問我來朝南內南，便從花底趁朝參。新詩猶作江西集，為帶筠州刺史銜〔2〕。

〔校注〕

〔1〕《全宋詩》題按：「原無第二首，據四庫本補。」《誠齋詩集箋證》亦無第二首。江西道院：為筠州之稱號。黃庭堅《江西道院賦並序》：「江西之俗，十大夫多秀而文，其細民險而健，以終訟為能。……惟筠為州獨不囂於訟，故筠州太守號為『守江西道院』。」

〔2〕自注：「時召命，以筠州守臣奏事。」

其二

客從南渡向儂來，我馬西征拜此臺。若問個中何所有，一腔熱血和詩裁。

檃括東坡瓶笙詩序〔1〕

餞飲東坡月三更，中觴忽聞笙簫聲〔2〕。杳杳若在雲霄間，抑揚往返中八音〔3〕。徐而察之出雙瓶，水火相得自嘯吟〔4〕。食頃乃已不可尋，坐客驚歎得未曾。八月四七歲庚辰〔5〕。

〔校注〕

〔1〕檃括：對文章素材加以剪裁組織。《文心雕龍·鎔裁》：「檃括情理，矯柔文采。」依某種文體的作品內容、詞句改寫成另一種體裁。蘇軾《水調歌頭》詞序：「特取退之詞稍加檃括，使就聲律。」　《餅笙》詩序，蘇軾《瓶笙》詩引：「庚辰八月二十八日，劉幾仲餞飲東坡。中觴聞笙簫聲，杳杳若在雲霄間，抑揚往返，粗中音節。徐而察之，則出於雙餅，水火相得，自然吟嘯。蓋食頃乃已民。坐客驚歎，得未曾有，請作《餅笙》詩記之。」按：東坡於元符三年庚辰（1100）七月（徽宗已即位，未改年號）遇赦離儋耳渡海北歸至廉州，八月被命授舒州團練副使，移永州安置。留別廉州，劉幾仲餞飲東坡，東坡作此詩並引。餅、餅，均同「瓶」。

〔2〕中觴：謂正在飲酒時。

〔3〕八音：《尚書·舜典》：「三載，四海遏密八音。」孔傳：「八音，金、石、絲、竹、匏、土、革、木。」

〔4〕水火：謂陰陽。

〔5〕八月四七：即八月二十八日。

與長孺共讀東坡詩前用唐律後用進退格〔1〕

其一

急性平生不少徐，讀書不喜喜觀書。十行俱下未心醒，兩目頓昏還月餘。偶與兒曹翻故紙，共看詩句煮春蔬。問來卻是東坡集，久別相逢味勝初。

〔校注〕

〔1〕長孺：作者長子，一名壽仁。

其二

枉看平生多少書，分明便是蠹書魚[1]。萬簽過眼還休去，一字經心恰似無。急讀何如徐讀妙，共看更勝獨看渠。曲生冷笑仍相勸[2]，惜取殘零覓句須。

〔校注〕

〔1〕蠹書魚：亦稱蠹魚，蛀蝕書籍等物的一種小蟲。

〔2〕麴生：唐鄭棨《開天傳信記》：道士葉法善，居玄真觀。「嘗有朝客數十人詣之，解帶淹留，滿座思酒。忽有人扣門，云麴秀才。……居末席，抗聲談論，援引古人，一座皆驚。」「法善密以小劍擊之，隨手喪元，墜於階下，化為瓶榼。一座驚懾，遽視其所，乃盈瓶醞醅也。坐客大笑，飲之，其味甚嘉。坐客醉而揖其瓶曰：『麴生風味，不可忘也。』」

嘲淮風進退格

絮帽貂裘莫出船，北窗最緊且深關。顛風無賴知何故，做雪不成空自寒。不去掃清天北霧[1]，只來捲起浪頭山。便能吹倒僧伽塔[2]，未直先生一笑看。

〔校注〕

〔1〕不去句：北方已被金人侵佔，故云。天北霧：天北之妖霧。

〔2〕僧伽塔：埋葬僧人僧伽骨灰的石塔。

嘲淮浪[1]

碧瑠璃地展青羅，橫作一波仍萬波。突起銀山倚空立，碎成雪陣掠人過。爭先打岸終誰勝，淘盡浮沙奈汝何。借與樓船泄餘怒，搖來兀去盡從佗。

〔校注〕

〔1〕淮浪：揚州屬淮南道，且其地臨近長江，故云。

檃括東坡觀棋詩引並四言詩二首〔1〕

其一

老坡獨往到廬山〔2〕，白鶴觀中俱晝眠〔3〕。只有棋聲人不見，寂然流水古松間。

其二

五老峰前松蔭庭〔4〕，風光清美日華明。獨遊略不逢一士，時有紋枰落子聲。

〔校注〕

〔1〕東坡《觀棋》詩引並四言詩：蘇軾《觀棋》詩引：「予素不解棋，嘗獨遊廬山白鶴觀，觀中人皆闔戶晝寢，獨聞棋聲於古松流水之間，意欣然喜之，自爾欲學，然終不解也。兒子過乃粗能者，儋守張中日從之戲，予亦隅坐，竟日不以為厭也。」詩曰：「五老峰前，白鶴遺址。長松蔭庭，風日清美。我時獨遊，不逢一士。誰歟棋者，戶外屨二。不聞人聲，時聞落子。紋枰坐對，誰究此味。空鉤意釣，豈在魴鯉。小兒近道，剝啄信指。勝固欣然，敗亦可喜。優哉游哉，聊復爾耳。」按：東坡於紹聖四年（1097）四月自惠州貶所再責瓊州別駕昌化軍安置不得簽書公事，被命即行，五月過廬山，六月渡海，七月至昌化軍貶所，紹聖五年（1098）春作此詩並引。

〔2〕老坡：《箋證》作「坡老」，《全宋詩》作「老坡」。時東坡妾朝雲已卒，東坡與子過往貶所，謂「獨往」者，言未攜家也。

〔3〕白鶴觀：在五老峰下。唐高宗弘道元年（683年）建，北宋祥符年間（1008～1016）曾賜名「承天白鶴觀」。宋代陳舜俞《廬山記》說：「廬山峰巒之奇秀，岩壑之深邃，林泉之茂美，為江南第一，此觀復為廬山第一。」復引虞集《白鶴觀記》：「為唐開元道士劉混成故居。初，唐高宗以老子降詔天下，皆建白鶴觀。九江之觀，在德化之白鶴鄉。景隆中，遷於山陽。宋祥符中，改名承天觀，舊名古柏壇。」又引《廬山記事》云：「白鶴觀，在凌霄峰西南。」

〔4〕五老峰：在廬山，五峰形如五老人並肩聳立，故稱。

過淮陰縣題韓信廟前用唐律後用進退格〔1〕

其一

來時月黑過淮陰，歸路天花舞故城。一劍光寒千古淚，三家市出萬

人英。少年跨下安無忤，老父圯邊愕不平〔2〕。人物若非觀歲暮，淮陰何必減宣成〔3〕。

〔校注〕

〔1〕進退格：亦稱「進退韻」。鄰韻通押特殊格式的一種。宋嚴羽《滄浪詩話·詩體》：「有轆轤韻者，雙出雙入。有進退韻者，一進一退。」魏慶之《詩人玉屑》引《緗素雜記》說，唐代鄭谷與僧齊己、黃損等共定今體詩格云：「凡詩用韻有數格：一曰葫蘆，一曰轆轤，一曰進退。」進退格是兩韻間押，即第二、第六句用甲韻，第四、第八則用與甲韻可通的乙韻，如「寒」「刪」或「魚」「虞」等，一進一退，相間押韻，故稱。

〔2〕老父圯邊：指圯上老人，即黃石公，張良曾從其受兵書。

〔3〕宣，《桯史》一二引作「文」。　　宣成：霍光。光卒，諡宣成侯。

其二

鴻溝祇道萬夫雄〔1〕，雲夢何銷武士功〔2〕。九死不分天下鼎，一生還負室前鍾〔3〕。古來犬斃愁無蓋〔4〕，此後禽空悔作弓〔5〕。兵火荒餘非舊廟，三間破屋兩株松。

〔校注〕

〔1〕鴻溝：楚漢相爭於成皋、睢陽，相持不下，遂以鴻溝為界，中分天下，西為漢，東為楚。即今鄭州滎陽東北廣武鎮。

〔2〕雲夢：《史記·淮陰侯列傳》：「項王亡將鍾離眛家在伊廬，素與信善。項王死後，亡歸信。漢王怨眛，聞其在楚，詔楚捕眛。信初之國，行縣邑，陳兵出入。漢六年，人有上書告楚王反。高帝以陳平計，天子巡狩會諸侯，南方有雲夢，發使告諸侯會陳：『吾將遊雲夢。』實欲襲信，信弗知。高祖且至楚，信欲發兵，自度無罪，欲謁上，恐見禽。人或說信曰：『斬眛謁上，上必喜，無患。』信見眛計事。眛曰：『漢所以不擊取楚，以眛在公所。若欲捕我以自媚於漢，吾今日死，公亦隨手亡矣。』乃罵信曰：『公非長者！』卒自剄。信持其首，謁高祖於陳。上令武士縛信，載後車。信曰：『果若人言，「狡兔死，良狗亨；高鳥盡，良弓藏；敵國破，謀臣亡。」天下已定，我固當亨！』上曰：『人告公反。』遂械繫信。至雒陽，赦信罪，以為淮陰侯。」

〔3〕室前鍾：韓信被斬於長樂鍾室，故云。

〔4〕古來句：《搜神記》卷二十：「孫權時，李信純，襄陽紀南人也。家養一狗，字曰『黑龍』，愛之尤甚，行坐相隨，飲饌之間，皆分與食。忽一日，於城外飲酒大醉，歸家不及，臥於草中，遇太守鄭瑕出獵，見田草深，遣人縱火爇之。信純臥處，恰當順風。犬見火來，乃以口拽純衣，純亦不動。臥處比有一溪，相去三五十步。犬即奔往，入水濕身，走來臥處周回，以身灑之，獲免主人大難。犬運水困乏，致斃於側。俄爾信純醒來，見犬已死，遍身毛濕。甚訝其事。睹火蹤跡，因爾慟哭。聞於太守。太守憫之曰：『犬之報恩甚於人。人不知恩，豈如犬乎！』即命具棺槨衣衾葬之。今紀南有義犬冢，高十餘丈。」

〔5〕見上注。

戲題岸柳

斫盡江邊楊柳梢，要教新歲換新條。老夫也鑷霜鬚鬢〔1〕，鑷卻霜根出雪苗。

〔校注〕

〔1〕鑷霜鬚鬢：拔白色的鬍子和白色的頭髮。

題龜山塔前一首唐律後一首進退格〔1〕

其一

龜山獨出壓淮流〔2〕，寶塔仍居最上頭。銀筆書空天作紙，玉龍拔地海成湫。向來一厄遭群犬，挽以六丁兼萬牛〔3〕。逆血腥膻化為碧，空餘風雨鬼啾啾〔4〕。

〔校注〕

〔1〕龜山：龜山，在洪澤湖中，上有塔，高十二層。

〔2〕龜山句：宋樂史《太平寰宇記》載「淮渦神在龜山之下。《淮陽記》云：按《古嶽瀆經》云禹治水，三至桐柏山，乃獲淮渦水神，名曰無支祁，善應對言語，辨江淮之淺深，原隰之遠近。形若獼猴，縮鼻高額，青軀白首，金目雪牙，頸伸百尺，力逾九象，搏擊騰踔，疾奔輕利……禹授之庚辰，庚辰能制，……庚辰以戟逐之遂頸，鎖大索，鼻穿金鈴，徙淮泗陰鎖龜山之足，淮水乃安流注於海。」

〔3〕群犬：指完顏亮及其金兵。六丁：《後漢書》卷五十《梁節王暢傳》：「歸國後，
數有惡夢。從官卜忌自言能使六丁。」唐李賢注：「六丁謂六甲中丁神也。若
甲子旬中，則丁卯為神；甲寅旬中，則丁巳為神之類也。」

〔4〕自注：「逆亮南寇，嘗以絹為繩，令數萬人隔淮河拽之不動，裂而復合。」逆
血腥膻：蔑指金完顏亮之死。化為碧：《莊子・外物》：「萇弘死於蜀，藏其血，
三年而化為碧。」

其二

舊歲新年來往頻，孤標數面便多情。獨將白髮三千丈，上到瑤臺十
二層。萬里海風吹不動，半輪淮月為誰明。東坡舊跡無尋處〔1〕，試問
龕中錦帽僧。

〔校注〕

〔1〕東坡舊跡：指蘇軾於熙寧四年（1071）通判杭州，七月出京，十月經楚州、高
郵，曾遊龜山。

戲詠陳氏女剪綵花二絕句〔1〕

霜

染露金風裏，宜霜玉水濱。莫嫌開最晚，元自不爭春。

菊

味苦誰能愛，香寒只自珍。長將潭底水〔2〕，普供世間人。

〔校注〕

〔1〕陳氏女：未詳。

〔2〕潭底水：即菊水，在今河南省內鄉縣。傳說飲此水可長壽。《水經注・湍水》：
「湍水之南，菊水注之。水出西北石澗山芳菊溪，亦言出析谷，蓋溪澗之異名
也。源旁悉生菊草，潭澗滋液，極成甘美。云此谷之水土，餐挹長年。」

戲用禪觀答曾無逸問山谷語〔1〕

昨日評諸家詩，偶入禪觀，如杜之詩法出審言，句法出庾信，但過之爾
〔2〕。白樂天云「笙歌歸院落，燈火下樓臺」，不如杜子美云「落花游絲白日
靜，鳴鳩乳燕青春深」〔3〕也。孟浩然云「氣蒸雲夢澤，波動岳陽城」，不如九

僧云「雲間下蔡邑，林際春申君」也。漫及之。右山谷語無逸云：「見墨蹟於張功父處。」功父云：「屢問人不曉。」

前說人間無漏仙〔4〕，後說世上無眼禪〔5〕。衲子若全信佛語，生天定在靈運前〔6〕。

〔校注〕

〔1〕禪觀：以禪理參究修行。曾無逸：曾三聘，字無逸，臨江新淦人。宋乾道二年（1166）進士。　語，北大本作「詩」。

〔2〕爾，《誠齋詩集》作「耳」。校記：「耳，原作『爾』，據北大本改。」

〔3〕「春」字原缺，據北大本與四庫本及《全宋詩》補。

〔4〕無漏仙：意指無煩惱，與有漏相對。涅槃、菩提等和已斷除三界煩惱的一切現象，都稱為無漏、無漏法（法指現象）。

〔5〕無眼禪：佛教指不見世間一切好惡為無眼。《嘉泰普燈錄》卷二五《西蜀仁王欽禪師》：「見得他自無眼目，不識好惡。」無眼禪，謂嗜睡者。人睡著後不見一切，自然不辨好惡，隨之亦無煩惱，如無眼之人一樣。

〔6〕天生：佛教謂行十善者死後轉生天道。《正法念處經‧觀天品》：「一切愚癡凡夫，貪著欲樂，為愛所縛，為求生天，而修梵行，欲受天樂。」靈運：天命。《晉書‧武帝紀》：「我皇祖有虞氏誕膺靈運，受終於陶唐，亦以命於有夏。」

嘲蜻蜓

餌花春蝶即花仙，飲露秋蟬怕露寒。只道蜻蜓解餐水，元來照水不曾餐。

嘲道旁楓松相倚

雙楓一松相後前，可憐老翁依少年。少年翡翠新衫子，老翁深衣青布被。更看秋風清露時，少年再換輕紅衣。莫教一夜霜雪落，少年赤立無衣著，老翁深衣卻不惡。

十月四日同子文克信子潚子直材翁子立諸弟訪三十二叔祖於小蓬萊酌酒摘金橘小集戲成長句〔1〕

誠齋老子不奈靜，偶拄烏藤出苔徑。獨遊無伴卻成愁，群從同行還

起興。每過一家添一人，須臾保社如煙雲〔2〕。褰裳涉溪溪水淺，著屨度橋橋柱新。蓬萊一點出塵外，南溪裏在千花裏。芙蓉照波上下紅，琅玕繞屋東西翠。槿籬竹戶重複重，雞鳴犬吠青霞中。蓬萊老仙出迎客，朱顏綠發仍方瞳。餐菊為糧露為醑〔3〕，染霧作巾雲作屨。欣然領客到仙家，行盡蓬萊日未斜。更傾仙瓢酌仙酒，酒外瓢邊亦何有。偶看小樹雙團欒，碧瑠璃葉黃金丸。主人忍吃不忍摘，笑道未霜猶帶酸。小僮隨我勇過我，不管仙翁惜仙果。爭挽風枝揀霜顆，爭獻滿盤來飣坐〔4〕。隔水蓬萊看絕奇，蓬萊看水海如池。主人勸客對絕境，不飲令儂怒生瘰。何如寄下未盡瓢，留待早梅賞疏影。

〔校注〕

〔1〕子文、克信、子潛、子直、材翁、子立諸弟：均誠齋族弟。子文：楊萬里族叔楊械輔世長子楊璧，字子文。曾手編其父楊輔世《達齋文集》傳世。子潛、子立：楊萬里族叔祖楊杞長子次周（字師旦，本楊植二子，承繼，以父蔭官，終桂陽縣司理，贈通直郎）次子楊克剛，字子潛。仲子楊克柔，字子立。子直、克信：楊萬里族叔楊渙（楊王烈三子，字文遠）子清臣，字子直。族叔楊炳（楊王烈四子，字明遠）子清成，字克信。材翁：名夢信，字材翁。《忠節楊氏總譜》之《楊莊延規公帕克弼幼子亨支系圖》載：「蔚文……生三子……幼名莊郎，字端甫，生一子：夢信，行小四，字材翁，慶元丙辰（1196）與從兄炎正同登進士第，歷朝議大夫，國子監丞，出知興化軍。」小蓬萊：即楊彥通居住地，因在水中央，命名曰「小蓬萊」。宋羅願著《小蓬萊記》云：「江西之勝者，有南安之小蓬萊焉。」此江西南安之「小蓬萊」，當與本詩中「小蓬萊」為同一處。

〔2〕保社：舊時鄉村的一種民間組織，因依保而立，故稱。此指群族兄弟。

〔3〕醑：美酒。

〔4〕飣：堆疊蔬果於盤。

芙蓉盛開戲簡子文克信〔1〕

芙蓉得雨一齊開，開盡秋花客不來。到得客來花已老，晚妝猶可兩三杯。

〔校注〕

〔1〕子文、克信：見上詩注〔1〕。

嘲蜂

薰籠供藥較香些〔1〕，引得蜂兒繞室嘩。笑死老夫緣底事，蜂兒專用鼻看花。

〔校注〕

〔1〕供，《箋證》作「烘」，並校云：「烘，原作『供』，據四庫本改。」

與伯勤子文幼楚同登南溪奇觀戲道傍群兒〔1〕

鬖松睡眼熨難開，曳杖緣溪啄紫苔。偶見群兒聊與戲，布衫青底捉將來。

〔校注〕

〔1〕伯勤：即朱伯勤。餘不詳。誠齋有《朱伯勤同子文弟幼楚姪來訪書事》《題朱伯勤千峰紫翠樓》等詩。疑與明代音樂家朱載堉，字伯勤相混。實為「米伯勤」。《楊萬里詩文集》校：「朱伯勤，它本均作『米伯勤』。」幼楚：萬里族叔楊王烈長子振祖子子謨，字克章。謨無後，由清節（楊王烈次子茂祖子，字克忠）子檮承繼，檮字幼楚。

初秋戲作山居雜興俳體十二解

其一

暑入秋來午更強，風排雨遣曉差涼。如何繞砌千枝蕙，只是開門一陣香。

其二

早起翻成坐睡昏〔1〕，鵲聲喚我步前軒。竹扉日隙針來大〔2〕，射壁千千彈子痕〔3〕。

〔校注〕

〔1〕早，《誠齋詩集箋證》校：原作「登」，據北大本與四庫本及《全宋詩》改。

〔2〕隙，同上：北大本與四庫本作「影」。大，自注：音墮。

〔3〕千千，同上：北大本作「千竿」，校云：「『竿』，一作『千』」四庫本作「千丸」。

其三

暑後花枝輸了春〔1〕，雜英小巧亦忺人〔2〕。素馨解點粉描筆〔3〕，金鳳愛垂雞下唇〔4〕。

〔校注〕

〔1〕後，同上：四庫本作「下」。「與」，原作「了」，北大本與四庫本作「子」，北大本校云：「一改『與』。」從之。

〔2〕忺：適意，高興，快樂。　忺，北大本與四庫本作「欣」。

〔3〕素馨，原作「索聲」，據四庫本與《全宋詩》改。

〔4〕金，北大本與四庫本作「卷」。金鳳：鳳仙花的別名。明王象晉《群芳譜·花譜》：「鳳仙……花開頭翅羽足俱翹然如鳳狀，故又有金鳳之名。」雞下唇：雞頭上的肉冠。鳳仙花似雞冠，故又名雞冠花。

其四

風騷開國胙寒岩〔1〕，勞績批書課翠嵐〔2〕。梨子要肥千取百，菊苗每摘一生三。

〔校注〕

〔1〕胙，北大本與四庫本作「昨」。誤。此句意謂開風騷之國以酬報秋景。胙，報答，酬報。《左傳·襄公十四年》：「昔伯舅大公，右我先王，股肱周室，師保萬民，世胙大師，以表東海。」杜預注：「胙，報也。」

〔2〕批，北大本藍眉：「批，一作『此』。」翠，四庫本作「萃」。此句意謂面對翠嵐寫詩，就是我的勞績，也是我的考課。批書：經過有關部門批署的證明。課：考課，考察官吏的政績。翠嵐：山中的霧氣。

其五

昨夜天垂破玉盆〔1〕，今宵辛苦補盆唇。看它補到十六七，滿得十分虧二分。

〔校注〕

〔1〕玉盆：喻月亮。

其六

甑頭雲子喜嘗新〔1〕，紅嚼桃花白嚼銀。笑殺官人浪驊喜〔2〕，村人殘底到官人〔3〕。

〔校注〕

〔1〕甑：古代蒸飯的一種瓦器。底部有許多透蒸氣的孔格，置於鬲上蒸煮，如同現代的蒸鍋。雲子：上等大米。

〔2〕官，北大本與四庫本作「他」。驩喜：即「歡喜」。

〔3〕此句意謂官人是吃不到新米的。

其七

七月初頭六月闌，老夫日醉早禾酸。莫將煮吃只生吃，更泄天機向達官。〔1〕

〔校注〕

〔1〕自注：諺謂早秫酒為早禾酸。《誠齋詩集箋證》校云：「諺謂，楊本與四庫本作『俗謂』。備要本作『俗云』。」

其八

自暴群書舊間新〔1〕，淨揩白醭拂黃塵〔2〕。莫羞空腹無丁字，且免秋陽曬殺人〔3〕。

〔校注〕

〔1〕暴，《誠齋詩集箋證》作「曝」，校云：「曝，原作『暴』，據北大本與四庫本改。」

〔2〕「醭」指醋或醬油等表面上長的白色黴，常連成一片。《玉篇·酉部》：「醭，醋生白。」《集韻·屋韻》：「醭，酒上白。」《齊民要術·作酢法》：「下釀以杷攪之，綿幕甕口，三日便發，發時數攪，不攪則生白醭。」「醭苔」指發黴時表面生的白毛。白居易《臥疾來早晚》：「酒甕全生醭，歌筵半委塵。」宋梅堯臣《梅雨》：「濕菌生枯籬，潤氣醭素裳。」揩，北大本藍眉：「揩，一作『糙』」

〔3〕暗用晉代郝隆在秋陽中曝曬腹書之典。郝隆，字佐治，晉汲郡（河南汲縣）人。《世說新語·排調》：「郝隆七月七日出日中仰臥，人問其故，曰：『我曬書。』」

其九

獨對秋筠倒晚壺，喜無吏舍四歌呼。柳梢一殼茲緇淬〔1〕，屋角雙斑谷古孤〔2〕。

〔校注〕

〔1〕自注：「上聲。」茲緇淬：象聲詞，象蟬叫聲。

〔2〕谷古孤：象聲詞，像蟋蟀叫聲。

其一〇

湖蜜青房蛹剝瓊〔1〕，沼犀紫抵腦藏冰〔2〕。先生病暑無多酌〔3〕，堆飣金柈作麼生〔4〕。

〔校注〕

〔1〕房蛹，北大本與四庫本作「唇調」。湖與下句「沼」相對為文，意謂面對著湖沼。蜜青房：謂蜜漬李子。青房，李的一種。《西京雜記》卷一：「初修上林苑，群臣遠方各獻名果異樹，亦有制為美名以標奇麗。……李十五：紫李，綠李，朱李，黃李，青綺李，青房李……。」李嶠《李》：「葉暗青房晚，花明玉井春。」晁補之《次韻李秬梅花》：「慚非上苑青房比，誤作唐昌碎月猜。」蛹：謂蜜漬蜂蛹。梅堯臣《思歸賦》：「蜂蛹淹醯，榠樝漬蜜。」瓊：喻色如瓊。

〔2〕犀紫抵：為「犀紫觚」之誤。犀紫觚，犀角作的紫色酒杯。《宋史·樂志七·降壇》樂章：「帝饗於郊，一精二純。紫觚陟降，嘉玉妥陳。」腦：龍腦，謂酒之香。

〔3〕病暑，北大本作「避暑」。

〔4〕堆飣：將食物堆放在盤上。柈：古「盤」字。作麼生：北宋方言詞，做什麼。

其一一

卓午從它火傘張〔1〕，先生別有睡為鄉。竹床移偏兩頭冷〔2〕，瓦枕翻來四面涼。

〔校注〕

〔1〕火傘：喻太陽。

〔2〕移，原作「多」，據北大本與四庫本及《全宋詩》改。

其一二

月色如霜不粟肌〔1〕，月光如水不沾衣。一年沒賽中元節〔2〕，政是初涼未冷時。

〔校注〕

〔1〕不粟肌：謂肌膚不感到寒冷。

〔2〕沒賽：猶云「沒如」。中元節：七月十五日。又稱鬼節。

戲跋朱元晦《楚辭解》二首〔1〕

其一

注易箋詩解魯論〔2〕，一帆徑度浴沂天〔3〕。無端又被湘累喚〔4〕，去看西川競渡船〔5〕。

〔校注〕

〔1〕北大本無「戲」字，又校云：「一上有『戲』字。」題下原無「二首」二字，據《全宋詩》補。　朱元晦：朱熹（1130～1200），字元晦（亦字仲晦），宋代著名理學家。《楚辭解》：即《楚辭集注辯證》。

〔2〕朱熹著有《易本義啟蒙》《詩集傳》《論語孟子集注》。《魯論》，即漢代今文本《論語》之一。相傳係魯人所傳，故名。共二十篇，篇次和今本《論語》同，是現行《論語》的來源之一。

〔3〕浴沂天：用《論語・先進》曾點典。

〔4〕湘累：指屈原。《漢書・揚雄傳》：「因江潭而汜記兮，欽弔楚之湘累。」顏師古注引李奇曰：「諸不以罪死曰累，荀息、仇牧皆是也。屈原赴湘死，故曰湘累也。」

〔5〕《荊楚歲時記》：「按五月五日競渡，俗謂屈原投汨羅日，傷其死所，故並命舟楫以拯之。」

其二

霜後藜枯無可羹〔1〕，饑吟長作候蟲聲〔2〕。藏神上訴天應泣〔3〕，支賜江蘺與杜蘅〔4〕。

〔校注〕

〔1〕枯，北大本作「黏」。霜後句：《莊子・讓王》：「孔子窮於陳蔡之間，七日不火食，藜羹不糝。」藜，又稱灰藋，灰菜，一年生草本植物，嫩葉可食。

〔2〕候蟲：按季節而鳴的蟲。鮑照《代白紵舞歌詞》：「弦悲管清月將入，寒光蕭條候蟲急。」

〔3〕藏神：即臟腑。藏，通「髒」。

〔4〕江蘺、杜蘅：均為香草。《離騷》中常吟詠。

露坐戲嘲星月

東生定西歸，月豈不識路。何須倩長庚〔1〕，夜夜引行步。星住月不行，星行月不住。無人問阿姊〔2〕，此事竟誰主。不知聽金蟆，無乃由玉兔。來夜偷此星，看月歸何處。

〔校注〕

〔1〕倩，原誤作「債」，據北大本與四庫本及《全宋詩》改。

〔2〕阿姊：即月姊，指嫦娥。李商隱《水天問話舊事》：「月姊曾逢下彩蟾，傾城消息隔重簾。」范成大《次韻即席》：「月姊有情難獨夜，天孫無賴早斜河。」

胡季亨贈集句古風效其體奉酬〔1〕

秋氣集南磵〔1〕，清風來故人〔2〕。遺我一端綺〔3〕，桃李不成春〔4〕。大句斡元造〔5〕，高詞媲皇墳〔6〕。百衲收寸錦〔7〕，一字買堪貧〔8〕。苦恨鄰里間〔9〕，良睹渺無因〔10〕。今日是何朝〔11〕？始聞扣柴荊〔12〕。黃菊有佳色〔13〕，寒水各依痕〔14〕。且共歡此飲〔15〕，重與細論文〔16〕。何以報嘉惠〔17〕？山中有白雲〔18〕。

〔校注〕

〔1〕柳宗元《南磵中題》句。南磵：即石磵，在永州朝陽岩東南；詩與《石磵記》約作於同時，即元和七年（812）秋。楊萬里只借用其字面義。

〔2〕杜牧《早秋》句。四庫本作「秋風」。

〔3〕貫休《上裴大夫二首》句。遺我：《全唐詩》作「我有」。一端：表示數量，半匹。

〔4〕宋神宗《賜秦國大長公主挽詞三首》其三句。四庫本作「桃李不成人」，誤。

〔5〕韓愈、孟郊《城南聯句》句。元：《全唐詩》作「玄」。大句：高雅的文句。

〔6〕韓愈《醉贈張秘書》句。高詞，詞調高古。媲（pì），匹敵，比美。皇墳：傳說中三皇（伏羲、神農、黃帝）著的書，也叫三墳。

〔7〕蘇軾《監試呈諸試官》句。百衲：指僧衣。

〔8〕杜甫《寄張十二山人彪三十韻》句。買：《全唐詩》校「一作賣」。家刻本、備要本作「一字堪買貧」，誤。

〔9〕杜甫《逼仄行，贈畢曜（一作贈畢四曜）》句。苦：《全唐詩》作「可」。

〔10〕杜甫《寄張十二山人彪三十韻》句。睹：《全唐詩》作「覿」。良覿（dí）：猶歡聚；覿：相見。眇：通「渺」，遙遠。

〔11〕韓愈《次同冠峽（赴陽山作）》句。

〔12〕杜甫《羌村》句。四庫本作「始聞叩紫荊」，誤。柴荊：柴門。

〔13〕陶淵明《飲酒》其七句。黃菊：《先秦漢魏晉南北朝詩》作「秋菊」。

〔14〕杜甫《冬深（一作即日）》句。言寒水沿著往日殘留的水痕緩緩而行。

〔15〕陶淵明《飲酒》其九句。且：姑且。歡其飲：高高興興地喝酒。

〔16〕杜甫《春日憶李白》句。論文，即論詩。

〔17〕陳師道《贈魯直》句。嘉惠：敬辭，稱別人所給予的恩惠。

〔18〕南朝齊陶弘景《詔問山中何所有賦詩以答（答齊高帝詔）》：「山中何所有？嶺上多白雲。」此句是將齊高帝與陶弘景的問答合二為一。

戲對尤袤〔1〕

有腸可食何須恨，猶勝無腸可食人。

〔校注〕

〔1〕輯自《全宋詩輯補》2123頁。《鶴林玉露》丙編卷六：楊尤二公皆善謔，誠齋戲呼延之為蝤蛑，延之戲呼誠齋為羊，一日食羊白腸，延之曰：「秘監錦心錦腸亦為人所食乎？」誠齋笑吟云云，蓋蝤蛑無腸也。一坐大笑。

四月十八日同履常、子上晚酌，戲集句作《四月》之詩五章，章四句〔1〕

四月，嘗春酒及時魚也〔1〕。

四月維夏〔2〕，凱風自南〔3〕。綠竹猗猗〔4〕，維石巖巖〔5〕。
我有嘉賓〔6〕，賁然來思〔7〕。為此春酒〔8〕，酌言獻之〔9〕。
南有嘉魚〔10〕，維其時矣〔11〕。維筍及蒲〔12〕，維其嘉矣〔13〕。
園有桃〔14〕，左右采之〔15〕。摽有梅〔16〕，薄言掇之〔17〕。
今夕何夕〔18〕，月出皎兮〔19〕。東方未明〔20〕，不醉無歸〔21〕。

〔校注〕

〔1〕「四月十八日……」：家刻本此篇未載錄。「四月」句，此句當為小序，底本及四庫本、薈要本均入於詩中，誤。今移出。

〔2〕《詩經・小雅・四月》句。維：無實義。

〔3〕《詩經・邶風・凱風》:「凱風自南,吹彼棘心。」「凱風自南,吹彼棘薪。」底
　　本作「叛風」,「叛」即「凱風」專字。凱風:南風,和風。

〔4〕《詩經・衛風・淇奧》句。綠竹:蔥綠的竹子,猗猗:茂盛蔥綠的樣子。

〔5〕《詩經・小雅・節南山》句。岩岩:崖石重積。

〔6〕《詩經・小雅・鹿鳴》句。

〔7〕《詩經・小雅・白駒》句。賁然:馬疾馳的樣子。賁,通「奔」。思:古漢語助
　　詞。謂飛奔而來。

〔8〕《詩經・豳風・七月》句。春酒:一種用棗或稻穀釀製冬釀春熟的酒。介:通
　　「匄」,祈求。眉壽:長壽。謂釀成之春酒,使老人喝了延年益壽。

〔9〕《詩經・小雅・瓠葉》句。言斟滿酒杯敬賓客。

〔10〕《詩經・小雅・南有嘉魚》句。

〔11〕《詩經・小雅・魚麗》句。時:應時,此指時鮮的美食。

〔12〕《詩經・大雅・韓奕》句。蒲:菖蒲,水草也。

〔13〕《詩經・小雅・魚麗》句。

〔14〕《詩經・魏風・園有桃》句。園子裏有一棵桃樹,象徵家裏有妻。

〔15〕《詩經・周南・關雎》句。

〔16〕《詩經・召南・摽有梅》句。摽:標也。標,樹梢。

〔17〕《詩經・周南・芣苢》句。

〔18〕《詩經・唐風・綢繆》:「今夕何夕,見此良人。」底本脫「何夕」二字,據四
　　庫本、薈要本補。

〔19〕《詩經・陳風・月出》句。

〔20〕《詩經・齊風・東方未明》句。言東方天空未亮。

〔21〕《詩經・小雅・湛露》句。言不醉不歸。

卷十八

周必大

周必大（1126～1204），字子充，又字洪道，號省齋居士、青原野夫，晚號平園老叟。吉州廬陵（今江西吉安）人，祖籍管城（今河南鄭州）。高宗紹興二十一年（1151）進士，紹興二十七年中博學宏詞科。歷任建康府教授、監察御史、起居郎、權禮部侍郎兼直學士院、禮部尚書翰林學士、吏部尚書兼翰林承旨等職。淳熙七年（1180），擢參知政事，除知樞密院，遷樞密使。淳熙十四年，拜右丞相。淳熙十六年，遷左丞相。寧宗即位，以少傅致仕。卒諡文忠。博學工詩文，一生著書有《玉堂類稿》《玉堂雜記》《二老堂詩話》《省齋集》《平園錄》等八十一種，後人彙編為《周益國文忠公全集》。今錄戲謔詩69首。

陸務觀病彌句僕不知也佳篇謝鄰里次韻自解[1]

閉戶十日雨，陸居如坐舫。吾身固已困，未省子疾狀。昨朝拜床前，不敏祇自愴。蕭然維摩几，高謝桓榮帳[2]。是身本何有，更慮不已恙。全人豆肩肩，大瘦誰甕盎[3]。擲杯蛇自去[4]，靜耳蟻為諒。乃知閉肘後[5]，未免信紙上。大哉橫氣機，寄此語清壯。我雖問疾晚，可以無悵怏[6]。

〔校注〕

〔1〕自注：「辛巳」。陸務觀：陸游（1125～1210），字務觀，號放翁。山陰（今浙江紹興）人。中興四大家之一。

〔2〕桓榮：字春卿，沛郡龍亢人。習《歐陽尚書》，教授江、淮間。建武十九年，年六十餘，始闢大司徒戴涉府，拜議郎，授太子經，補博士，進太子少傅，拜太常。永平二年，三雍成，拜五更，封關內侯。

〔3〕全人二句：豆肩肩：豆，應該作「脰」。伸直了脖子。《莊子・德充符》：「闉跂支離無脤（唇）說衛靈公，靈公說之；而視全人，其脰肩肩。甕盎大癭說齊桓公，桓公說之；而視全人，其脰肩肩。故德有所長，而形有所忘。人不忘其所忘，而忘其所不忘，此謂誠忘。」脰，脖子。肩肩，直，或形容細小之狀。

〔4〕杯蛇：《風俗通》載：「應郚之祖郴為汲令，以夏至日，請主簿杜宣賜酒。時北壁上有懸赤弩，照於杯中，其形如蛇。宣惡之，然不敢不飲。其日便得疾，云，蛇入腹。後郴使宣於故處設酒，杯中復有蛇，因謂宣，此乃壁上弩影耳，非有他怪。宣遂解，甚怡懌。」

〔5〕肘後：指《肘後方》。

〔6〕悵怏：惆悵不樂。

招陸務觀食江西筍歸有絕句云色如玉版貓頭筍味抵駝峰牛尾狸歸向妻孥誇至夕書生寒乞定難醫戲和〔1〕

東廚日日厭侯鯖，卻羨萍虀搗韭根〔2〕。如我乃真寒乞耳，只知肉味筍殊村。

〔校注〕

〔1〕自注：「壬午」。即陸游紹興三十二作於臨安的《周洪道招食江西筍歸為絕句》。

〔2〕虀：古同「齏」。搗：捶擊；舂搗。

二月十七夜與諸弟小酌，嘗榧實，誤食烏喙，烏喙堇也。古書云：以堇實酒殺人。戲成小詩〔1〕

伏神老芋不傷生〔2〕，江蟹螃蜞禍亦輕〔3〕。我獨好奇嘗酒堇，誤思榧實殺三彭〔4〕。

〔校注〕

〔1〕自注：「乙酉」。榧實：即榧子，肺家果也。火炒食之，香酥甘美。但多食則引火入肺，大腸受傷。烏喙：即草烏，斷腸草。

〔2〕伏神：中藥名，狀如干芋艿。

〔3〕螃蜞：小蟹，文似蝟，所謂蝟蟳者也，蔡謨不精於大小，食而至於斃，故曰「讀《爾雅》不熟。」陶隱居曰：「螃蜞生海邊。似螃蠘而大，似蝟而小。」皮日休《蟹》詩：「族類分明連蛸蛣，形容好個似螃蜞。」

〔4〕三彭：即三尸、三尸蟲、三尸神。張讀《宣室志》卷一：「契虛因問桴子曰：
　　『吾向者謁覲真君，真君問我三彭之仇，我不能對。』桴子曰：『夫彭者，三
　　尸之姓，常居人身，伺察功罪，每至庚申日，籍於上帝。故凡學仙者，當先絕
　　其三尸，如是則神可得，不然雖苦其心無補也。』」道教徒認為，人體內有三
　　尸蟲，危害人的性命，故稱三尸蟲。因均姓彭，又稱三彭。《雲笈七籤》：「真
　　人云：上尸名彭倨，好寶物；中尸名彭質，好五味；下尸名彭矯，好色慾。」
　　又上尸名靈臺，住腦海；中尸名靈爽，住絳宮；下尸名靈精，住腹下，故又名
　　「三靈」。道家認為三尸欲人速死，是謂邪魔，當以庚申日守一，滅三尸。謂
　　役人魂魄、識神、精志的三種因素。

胡季懷有詩約群從為秋泉之集輒以山果助筵戲作二迭〔1〕

其一

近詩通譜江西社，新醸纔先天下秋。已許眼中窺一豹，可容杯裏散
千憂。

其二

君家香醪蜜不如，試投木桃望瑤琚。敢誇所有易所無，潘郎一出果
盈車〔2〕。

〔校注〕

〔1〕自注：「乙酉六月九日」。胡季懷：胡維寧（1123～1170），字季懷，吉州廬陵
　　（今江西吉安）人，銓從子、羅無競婿。紹興十七年（1147）舉於鄉（《江西
　　通志》卷五十），與周必大善，終身不仕，閉門著述，長於《大學》，尤精於《春
　　秋》，有《易筌蹄》一卷、《春秋類例》十五卷、《左氏類編》十卷、《詩集》二
　　十卷、《周官類編》五卷、《詩集善》《周易類編》《春秋類例》《春秋屬辭》（均
　　佚）等，事見《江西通志》卷七十六小傳。周子充嘗稱其「詞鋒激烈劍芒寒」。
　　子充另有《道中憶胡季懷》等詩。周必大《文忠集》之《又跋原父貢父仲馮帖》
　　載：「隆興二年閏十一月二十三日同家兄子友、子巾、胡季懷、趙從季觀於永
　　和本覺寺而歸之子澄父。」

〔2〕潘郎：潘岳每次乘車出門，道兩旁的中老年婦女便紛紛擲果子給他，以至於滿
　　載而歸。

十月十七日大椿堂小集胡從周季懷以予目疾皆許送白酒彌旬不至戲成長韻〔1〕

畏疾甚畏威，目昏口止酒。爾來時一中，免使論薄厚。儀康業廢祀，釀具散莫糾。採藥山已焚〔2〕，種秫時轉後。門稀問字客，室乏借書缶。尚賴金石交，每顧貧病叟。前時相娛樂，如對疏廣受〔3〕。有漿不待乞，似驗歲在酉。今日掃風軒，明日芼園蔌〔4〕。白衣兩不來，往往化烏有。頗聞繼高會，沾醉牛馬走〔5〕。寧忘伐木詩，酤湑各朋友。或疑決西江，恥復餉升斗。胡不玩易象，樽簋納吾牖。二義倘未然，諸責何為負。君兮憂阮籍，僕也減兗守。結交十五年，果可不飲否。食言能無肥，有孚乃免咎。速宜倒糟床，走送昔與醅。勿學比舍郎，夜半招吏部〔6〕。

〔校注〕

〔1〕自注：「乙酉」。胡從周：周必大《奏事錄》云：「（乾道六年）己亥，早赴清都觀、正法寺，開啟天申節。清都本甘真人之舊宅云。遞中接收閩憲信札。午後，胡從周參議來自隆興。晚，赴李令會。清擬堂舊有華亭，今存遺址。」周必大《歸廬陵日記》：「李儀之、馬君壽永之、胡從周鎬皆致來禽，其致羊酒者皆卻之。巳時赴州會，退而解舟。聶贛縣詔寬之及丞簿尉送別數里外。丞即從周，簿姓曾，名三復，皆吉州人。」以上文獻可知，胡鎬（生卒不詳），字從周，號文岡，吉州（今水田鄉孔家巷村）人。胡銓從弟。靖康元年（1126）鄉試中舉，十九年後，即紹興十五年（1145）中進士，受朝奉郎。歷任朝列大夫、湖南參議。皇上賜金魚袋。《全宋文》卷四三三一胡銓《饒州進士胡鎬母李氏墓誌銘》題後注云：「按此胡鎬非胡銓從弟胡鎬。」《新宋學》之《論宋代吉州地域文化的發展》一文云：「四世胡仔、胡宗古、胡銓、胡鎬、胡鑄；五世胡昌齡（長彥）、胡箕（斗南）、胡籍（季文）、胡泳、胡澥、胡浹、胡洘、胡沖、湖渙（季享）、胡從周（季懷）」四世的「胡鎬」與五世的「胡從周（季懷）」實為同一人，而誤以為胡從周，字季懷，其實，季懷是胡維寧之字。胡維寧乃胡鎬之侄。這應該是從周必大本詩標題「胡從周季懷」致誤。

〔2〕自注：「白酒以野草為藥。」

〔3〕疏廣受：疏廣、疏受叔侄是漢宣帝時人，二人曾為太子太傅與太子少傅，在位五年，位高名顯，被稱之為賢大夫。後二人同時謝病免歸，為人稱道。

〔4〕園蔌：即園蔌。蔬菜的總稱。

〔5〕沾醉：大醉。《漢書·侯遵傳》：「刺史大窮，侯遵沾醉時，突入見遵母。」

〔6〕自注：「守部協音。」

十二月二十二日葛守送羊羔酒戲占小詩〔1〕

馬乳三年隔大官，羊羔今日倒芳樽。淺斟低唱非吾事，醉夢惟應踏菜園〔2〕。

〔校注〕

〔1〕自注：「乙酉」。羊羔酒：用肥羊肉及糯米和麵同釀而成的酒，是宋代及其後較為盛行的一種酒品。

〔2〕醉夢句：隋侯白《啟顏錄》：「有人常食菜蔬，忽食羊。夢五藏神曰：『羊踏破菜園。』」

再賦羊羔酒〔1〕

日日茅柴帶掃愁，膻葷暫逐富兒遊。山中萬足天美祿，剩作酒材供拍浮。

〔校注〕

〔1〕自注：「丙戌二月」。

頎創棋色之論邦衡深然之明日府中花會戲成二絕〔1〕

其一

局勢方迷棋有色，歌聲不發酒無飲。明朝一彩定三賽〔2〕，國手秋唇雙牡丹〔3〕。

〔校注〕

〔1〕自注：「丙戌二月十六日」。邦衡：胡銓（1102～1180），字邦衡，廬陵人。曾上疏乞斬秦檜，官至資政殿學士。

〔2〕一彩：指彩頭。比賽輸贏下的注。三賽：下棋、唱歌、賞花三種比賽。

〔3〕自注：「謂新妓李榮、李棠也。」國手句：謂以牡丹為彩，獎勵得勝者。國手：指圍棋拔頭籌者。秋唇：歌妓之唇，代指歌妓。

其二

醉紅政不妨文飲〔1〕，呼白從來要助歡〔2〕。棋色應同三昧色〔3〕，牡丹何似九秋丹〔4〕。

〔校注〕

〔1〕文飲：指慢飲，以詩文助飲。文，與武相對而言。

〔2〕呼白：勸酒或罰酒。白，本指大酒杯，這裡代指酒。漢劉向《說苑‧善說》：「魏文侯與大夫飲酒，使公乘不仁為觴政，曰：『飲不釂者，浮以大白。』」意思是否喝完一爵（古代酒具）的還要罰喝更大杯（大白）的酒。亦泛指酒杯。《漢書‧敘傳》：「及趙、李諸侍中皆引滿舉白，談笑大噱。」

〔3〕三昧；佛教語，梵文的音譯。意為定、正定，即排除一切雜念，使心神平靜。它是佛教教義中一個重要術語。《金剛經》：「佛說我得無諍三昧，人中最為第一。」注：「道之真一，儒云致一，釋云三昧。」《智度論》七：「善心一處不動，是名三昧。」後稱解脫束縛為三昧。唐李肇《翰林誌》：「（學士）每下直出門，相謔謂之小三昧。出銀臺乘馬，謂之大三昧，如釋氏之去纏縛而自在也。」也稱某種技藝的訣竅、奧妙。如李肇《國史補》中：「長沙僧懷素好草書，自言得草聖三昧。」蘇軾《贈老謙》：「瀉湯舊得茶三昧，覓句近窺詩一斑。」這裡的三昧當兼有兩意。

〔4〕牡丹：牡丹花，應題中「花會」。九秋丹：攟拾道家九轉金丹之說。《抱朴子‧金丹》：「一轉之丹，服之三年得仙，二轉之丹，服之二年得仙；……八轉之丹，服之十日得仙；九轉之丹；服之三日得仙。……其一轉至九轉，遲速各有日數，多數以此知之耳。其轉數少，其藥力不足，故服之用日多，得仙遲也。其轉數多藥力成，故服之用日少，而得仙速也。」轉，指把丹砂燒成水銀，水銀煉成丹砂的循環變化次數。煉得愈久，轉數愈多，則效能愈高。

二月十七日葛守錢倅出所和胡邦衡羊羔酒詩再次韻簡二公〔1〕

德似羊羔春共頒，政如醇酎野多歡。屬厭靖節杯中物，屢費將軍竹裏盤。疇昔調饑惟飲濕，祇今軟飽不言寒。唱酬妍麗歸公等，自笑梅翁語帶酸。

〔校注〕

〔1〕自注：「丙戌」。

戲示凝神庵張椿齡〔1〕

仙師足厭踏京洛，亦復懶控茅峰鶴。遺形聊示《德充符》〔2〕，閉目
定從陳鐵腳〔3〕。

〔校注〕

〔1〕自注：「丁亥九月四日，椿齡傷足不能行。」張椿齡：生卒年不詳，字達道，
　　　道士，居三茅峰凝神觀。宋高宗、孝宗數召見賜詩。著有《蒲衣集》，已佚。

〔2〕《德充符》：《莊子》其中一篇，主要探討人的精神世界。德充於中而符應於外。

〔3〕陳鐵腳：茅山上清派第二十三宗師朱自英（976～1029）（字隱芝）曾遇陳鐵腳
　　　授之以「金鼎九轉飛精劍法。」

走筆次七兄韻戲奉新新莊〔1〕

臘月更兼逢臘日，滿江飛雪兆豐年。從兄預借南昌米，多釀新醪醉
樂天。

〔校注〕

〔1〕自注：「丁亥十二月五日」。奉新：位於江西省西北部，東漢置新吳縣。五代南
　　　唐改奉新，今屬宜春。

向以書戲邦衡云某自廬山遊西山當就迎公召節今邦衡有詩督此語
不驗次韻〔1〕

慧遠遙同社，洪崖近拍肩。松枝年紀萬，棐實歲踰千〔2〕。徑欲通天
漢，忙因棹酒船〔3〕。香城均一握，易地即皆然〔4〕。

〔校注〕

〔1〕自注：「丁亥十二月三日」。

〔2〕自注：「天池在廬山絕頂，有萬年松。香城在西山絕頂，有千年棐。」

〔3〕自注：「帥漕附致廚醞四十尊，寄邦衡。」

〔4〕自注：「邦衡所居，亦曰香城山。」

胡季懷惠六出梅一枝仍枉絕句率然次韻勿笑迂拙〔1〕

怪底雪花今歲少，東君聚巧入壺春。老夫只學龜藏六〔2〕，未羨梢頭
首面新。

〔校注〕

〔1〕自注：「戊子」。

〔2〕龜藏六：《阿含經》：「有龜被野干所包，藏六而不出，野干怒而捨去。佛告諸比丘，當如龜藏六，自藏六根，魔不得使。」唐陳陶《題僧院紫竹》：「從來道生一，況伴龜藏六。」宋蘇軾《寄傲軒》詩：「得如虎挾乙，失若龜藏六。」

七兄夜以小詩相戲走筆和韻〔1〕

小蠻未解囀鶯簧，鑿壁偷分富燭光〔2〕。不是龐公靈照女〔3〕，誰人為作起予商〔4〕。

〔校注〕

〔1〕自注：「戊子十二月十九日。」

〔2〕用匡衡「鑿壁偷光」典。

〔3〕靈照：《傳燈錄》：「襄州居士龐蘊，一女名靈照。」

〔4〕自注：「隨兒在歲能謳。」　起予商：《論語·八佾》：「子夏（名商）問曰：巧笑倩兮，美目盼兮，素以為絢兮。何謂也？子曰：繪事而後素。曰：禮後乎？子曰：起予者商也，始可與言《詩》已矣。」文彥博《文潞公文集》卷六《題輞川圖後》詩：「吾家伊上塢，亦自有椒園。漠漠清香遠，離離丹實繁。盈簹常要採，折柳不須藩。每看《輞川》畫，起予商可言。」

戊子歲除以糤代酒送邦衡邦衡有詩見戲仍送牛尾狸次韻

先生豈比習池徒〔1〕，薄醞仍慚校尉廚〔2〕。獻糤聊將追粔籹〔3〕，餔糟只欲伴屠蘇〔4〕。削肌知自何人手，灌頂疑嘗釋氏醐。必許尋花兼問柳，敢辭挈榼更提壺。〔5〕

〔校注〕

〔1〕習池：習家池，為古蹟名，在湖北襄陽峴山南。

〔2〕校尉廚：代指美酒。

〔3〕糤：粽子。粔籹：古代的一種食品。以蜜和米麵，搓成細條，組之成束，扭作環形，用油煎熟，猶今之饊子。又稱寒具、膏環。

〔4〕餔糟：飲酒，吃酒糟。屠蘇：草名。

〔5〕自注：「來詩有尋花柳之句。」　　挈榼：挈：提；榼：酒器。拿著酒杯，提
　　著酒壺。形容嗜好飲酒。晉劉伶《酒德頌》：「止則操卮執觚，動而挈榼提壺，
　　唯酒是務，焉知其餘。」

邦衡再送二詩一和為甚酥二和牛尾狸〔1〕

其一

金谷烹煎豈我徒，磨舂爭語夜闌廚。六年不賜湯官餌〔2〕，除日猶分
刺史酥〔3〕。小惠無多真畫餅，大篇有味勝清醑。遙知發冪闐堂處，不
見蒸鵝只瓠壺。

〔校注〕

〔1〕題自注：「己丑正月十日」。　　為甚酥：是用米粉和油炸制的酥餅，最早是因
　　蘇軾食米粉餅子之事而命名的，在宋代較為有名。牛尾狸：亦是宋代有名的食
　　物，為時人所喜愛。

〔2〕湯官餌：指湯官府所供的餅餌。

〔3〕自注：「是日錢守送酥，故用東坡謝泗守故事。」

其二

追跡猶應怨獵徒，截肪何敢恨庖廚。鱠鱸湖上休誇玉，煮豆瓶中未
是酥。伴食偏宜十字餅〔1〕，先驅正賴一卮醐。卻因玉面新名字，腸斷
元正白獸壺。〔2〕

〔校注〕

〔1〕十字餅：即蒸餅，一種經發酵蒸熟後餅麵上裂作十字樣的麵食品。

〔2〕自注：「牛尾狸一名玉面狸。」白獸壺：酒器名。

後兩日大雪邦衡復用前韻作窮語戲和〔1〕

天憐寓客混緇徒〔2〕，十日無煙香積廚〔3〕。暮雪故教投碎米，饞涎
那更忍流酥。旀毛齧盡寒生粟，風絮吟時韻怕醐〔4〕。誰似維摩坐芳縟，
散花別是一方壺。

〔校注〕

〔1〕自注：「己丑正月十一日」。

〔2〕緇徒：代稱僧眾。孟浩然《陪張丞相祠紫蓋山途徑玉泉》詩：「皂蓋依林憩，
　　　緇徒擁錫迎。」
〔3〕香積廚：僧家的廚房。
〔4〕醐：佛教比喻最高的佛法。

邦衡侄季懷亦惠二詩再次韻二首一頌其叔侄之美一解季懷生日不送茶之嘲〔1〕

其一

竹林終日醉流霞，下客窮空祇戻茶。更欲打門奴酪粥，何殊斂手捧薑芽。賜金指日揮疏傅，盛饌常時設謝家〔2〕。莫為唱酬供一笑，從今便廢爾殽嘉。

〔校注〕
〔1〕自注：「同前」，即「乙丑六月六日」。
〔2〕自注：「用晉陸納撻侄事戲季懷。」陸納，字祖言。少有清操，貞厲絕俗。初闢鎮軍大將軍、武陵王掾，州舉秀才。後為吳興太守。至郡，不受俸祿。……徙吏部尚書，加奉車都尉、衛將軍。謝安嘗詣納，而納殊無供辦。其兄子俶不敢問之，乃密為之具。安既至，納所設唯茶果而已。俶遂陳盛饌，珍羞畢具。客罷，納大怒曰：「汝不能光益父叔，乃復穢我素業耶！」於是杖之四十，其舉措多此類。

其二

蕭散玄真吏少霞，樵青日日為煎茶〔1〕。莫因閩粵臯蘆葉，卻厭神仙掌上芽。竹戶勝棋非我事〔2〕，菊潭試水是君家。不須更醉蘋洲冢，世以詩鳴句自嘉。

〔校注〕
〔1〕自注：「謂迎恩祖。」
〔2〕自注：「季懷八月四日生。」

季懷設醴且示佳篇再賦一章以酬五詠〔1〕

卯飲高樓徹暮霞〔2〕，絕勝茅屋己公茶。箬包句好逢真賞，荷葉甌深

稱嫩芽。詩老坐中容我輩，朝賢乞處藉君家。〔3〕從來佳茗如佳什，屢酌新烹味轉嘉。

〔校注〕

〔1〕自注：「己丑六月八日」。

〔2〕卯飲：清晨飲酒。

〔3〕自注：「來詩屢引歐公茶詩，故用箸包、詩老事。孟郊《憑周況於朝賢乞茶》詩云：『越甌茶葉空。』」

去夏邦衡胡侍郎生日嘗因茶詩致善頌其語果驗再賦一篇為大用長生之祝且求賜茗作潤筆〔1〕

壽杯又是酌流霞，醉眼還醒講殿茶。舉世吡謠思舊德，來年詩識託新芽。漢帷果慶登三傑，胡幕何愁不一家。賜也多言如屢中，合分龍餅示旌嘉。

〔校注〕

〔1〕自注：庚寅六月崑山發。

陳叔進秘書送鶉分粟為謝乃辱佳句次韻發笑〔1〕

有鶉不博禾三百，卻向枯河擲釣緡〔2〕。他日陳平宰天下〔3〕，如瑜翻作指囷人〔4〕。

〔校注〕

〔1〕自注：「庚寅十月十三日。」陳叔進：周必大有詩次韻陳叔進。吳芾亦有詩《寄陳叔進》。淳熙元年陳叔進等所撰進《館閣書目》。其後由樞密為秘書少監。

〔2〕釣緡：釣竿上的線。

〔3〕陳平：漢初大臣。陽武（今河南原陽東南）人。陳勝起義後，先投魏王咎，後又隨項羽入關。不久歸劉邦，任護軍中尉，建議用反間計使項羽去謀士范增，並以爵位籠絡大將韓信，被劉邦采納。漢朝建立後封曲逆侯。惠帝、呂后時任丞相，因呂氏專權而不治事。呂后死，與周勃定計誅殺呂產、呂祿等，迎立文帝，任丞相。

〔4〕指囷：《三國志‧吳志‧魯肅傳》：「周瑜為居巢長，將數百人故過候肅，並求資糧。肅家有兩囷米，各三千斛。肅乃指一囷與周瑜。」後以「指囷」喻慷慨資助。

草具屈邦衡侍郎蒙賦即事新詩次韻皆敘坐上語他時共發一笑也〔1〕

舊第閒梅塢，新知泥柳橋。情先春色動，節後歲寒凋。久矣承三接〔2〕，宜然冠百僚。不須驚鶴髮，未礙插蟬貂〔3〕。

〔校注〕

〔1〕自注：「庚寅十一月十一日。」

〔2〕承三接：劉禹錫《和浙西李大夫伊川卜居》：「早入八元數，嘗承三接恩。飛鳴天上路，鎮壓海西門。」三接：謂三度接見。語本《易·晉》：「晉，康侯用錫馬蕃庶，晝日三接。」孔穎達疏：「晝日三接者，言非惟蒙賜蕃多，又被親寵頻數，一晝之間，三度接見也。」後多以「三接」為恩寵優獎之典。

〔3〕蟬貂：即貂蟬。古代王公顯宦冠上的兩種飾物。《魏書》卷二十一《獻文六王列傳·彭城王》：「勰表解侍中，詔曰：『蟬貂之美，待汝而光，人乏之秋，何容方退也。克念作聖，庶必有資耳。』」

從駕過德壽宮馬上得程泰之次庚寅玉堂舊韻有銀章金帶之戲走筆為謝〔1〕

推敲也復從鳴鑾，鳳沼詩盟故未寒。兩制空煩舍人樣〔2〕，外郎爭比大夫官〔3〕。翰林今夜仍連直，講殿明朝豈兩般。畢竟五金如五味，莫因黃白議鹹酸。

〔校注〕

〔1〕自注：「乙未閏九月十七日。」 德壽宮：始建於紹興三十二年（1162），南宋時人們常稱之為「北內」或「北宮」。德壽宮是南宋高宗、孝宗禪位後為養老修建的一組宮殿建築。其規格與皇宮不相上下。 程泰之：《宋史》卷四三三《程大昌傳》：「程大昌（1123～1195），字泰之，徽州休寧人。十歲能屬文。登紹興二十一年進士第。……累遷權吏部尚書。……以龍圖閣學士致仕。慶元元年卒，年七十三。」著有《禹貢論》《詩論》《易原》《雍錄》《易老通言》《考古篇》《演繁露》等。

〔2〕自注：「僕近日誥命及答詔，皆年兄筆。」

〔3〕自注：「僕官朝請郎，年兄新轉大夫。」

程泰之昨有金帶銀章之句十月二十八日乃因押伴北使赤舄御筵服重金侍宴紫宸殿坐間嘗作數語為戲後兩日復得其詩亦再次韻〔1〕

甚日重黃侍玉鑾，幾時八座佩金寒〔2〕。殿庭屬目誇新貴〔3〕，部曲低頭拜舊官〔4〕。五日尹京非細事，四時仕宦固多般〔5〕。重行隔品詩仍健，應笑官卑語帶酸。

〔校注〕

〔1〕自注：乙未。

〔2〕自注：古詩云：「眼赤何時兩，腰黃甚日重。」杜工部云：「連枝不日並，八座幾時除。」

〔3〕自注：合門官爭相問。

〔4〕自注：泰之嘗貳春官，今復借大宗伯。

〔5〕自注：泰之今春服綠，夏間階緋，今借金紫，真傳遊藝也。

聞西省賞醺釀芍藥戲成小詩奉簡泰之侍講舍人年兄並以丁香橄欖百枚助筵卻求殘花數枝〔1〕

其一

群玉圈中作主人〔2〕，紫薇花底會嘉賓。風光總屬程夫子，好念文昌寂寞春。

〔校注〕

〔1〕自注：丙申三月。

〔2〕圈，四庫本作「園」。

其二

滿架冰肌合碧雲，翻階翠袖映紅裙。玉堂只有金沙在，伴直明朝又屬君〔1〕。

〔校注〕

〔1〕自注：翰苑僅有此花，泰之明晚直宿。

其三

酒頒胴馬莫分甘〔1〕，金賜麟蹄敢掐尖。紅白賞殘堪底用，雨中折贈未傷廉〔2〕。

〔校注〕

〔1〕挏馬：指取馬奶製酪。挏，搗；撞。漢代有挏馬之官，掌管牧養取奶等。

〔2〕自注：日曆所進書賜金及酒甚多。

其四

從來引玉即拋磚，自筆囊空百不堪。賴得酒醂須茗飲，聊將青子助回甘。

六曹長貳觀潮予以入直不預晡時大雷雨走筆戲蔡子平〔1〕

雷轟萬鼓勒潮回，無復亭前雪作堆。應為尚書慳且澀，盲風怪雨一時來。

〔校注〕

〔1〕自注：丙申七月十九日。　六曹長貳：尚書省六曹簡稱，即尚書省六部。李燾《續資治通鑑長編》卷五二〇「哲宗元符三年正月丁亥」條：「內批：付三省，以尚書六曹長貳闕官，令樞密院參議具前執政十人、余可充侍從者二十人姓名進入。」　蔡子平：曾任鎮江知府。程大昌《演繁露》：「乾道辛卯，予遇潤，蔡子平置燕於江亭，亭據郡治前山絕頂，而顧子城雉堞緣岡，彎環四合，其中州治諸廨在焉。」餘不詳。

秋官少常伯失杯復得乃好客之報來詩誤認天意遂欲因噎廢食走筆次韻發笑〔1〕

郭釜知藏幾百杯，韋籤何止一尊罍〔2〕。冶金太盛應須躍，塞馬重歸豈是災。車到門前如可卻，客來梁上若為回。遂疑同舍真疏矣，明與劉叉亦壯哉〔3〕。

〔校注〕

〔1〕自注：程泰之也。來詩謂不合款客，自在雖及門亦不納，以順天意。丁酉。秋官：刑部別名。

〔2〕韋籤：《唐故文林郎柱國張君（貴寬）墓誌銘並序》：「弱齡趨訓，聲□孔鯉之先，學映韋籤，早觀光於蘭署；業高夏紫，方擢第於金門。」

〔3〕劉叉：自稱彭城子，河朔（今河北一帶）人。年輕時尚義行俠，曾因酒後殺人逃亡，後遇赦，曾為韓愈門客。後歸齊、魯，不知所終。其詩風格獷放，能突破傳統格式，語言直率，文筆潑辣。有《劉叉詩集》。

兵部王仲行尚書惠詩敘近日直舍隔壁論詩說棋之戲次韻為謝尚書近錄舊詩一篇為贈故並及之〔1〕

詩可弄萬象，棋能消百憂。苦吟復苦戰，已過心休休。自從識夫子，十閱長安秋。奇才揜眾俊，博物包九流。遊戲亦臻極，他人歎無由。腳踏軟紅塵，手把大白浮。每坐客常屈，有社誰敢投。此事聊復爾，壯懷許聞不。殺虜盧龍溝〔2〕，鑴羌西海頭。六奇蘊秘策，鑿壁那可偷。稍見壺子機〔3〕，已驚季咸儔〔4〕。遂盜祖師法，敢與神秀侔。豈如念貧績，明許餘光求。故將繡段贈，不責玉案酬。從今空囊富，免為杜陵羞。

〔校注〕

〔1〕自注：己亥。

〔2〕盧龍溝：《畿輔通志·河渠略、水道、治河說》：「三里河，以距遷安縣城三里得名，即耀孤水也。源出縣東北小寨莊南，東流徑耀孤山下（《方輿紀要》作要孤，《遷安志》作嶽孤，茲從舊志作耀孤山）。又南流，合三道泉。《安瀾志》曰：泉源混混，水勢振盪，與耀孤水合流。其水盛夏愈冷，嚴冬不冰，至盧龍溝堡入灤。」盧龍溝應在盧龍縣界。

〔3〕壺子：名林，一作壺邱子林，鄭人，列禦寇師之。

〔4〕季咸：古代巫師名。《莊子·應帝王》：「鄭有神巫曰季咸，知人之生死存亡，禍福壽夭。」後亦泛指巫者。元稹《送崔侍御之嶺南二十韻》：「荊俗欺王粲，吾生問季咸。」

讀樂天詩戲效其體〔1〕

側足二三臣，平頭六十人。胸中冰與炭，鏡裏雪兼銀。豈有花經眼，何嘗酒入唇。勞生成底事，胡不早收身。

〔校注〕

〔1〕自注：乙巳秋。

南園築小堂鄰里侯暘獻上樑文戲成小詩記實解嘲〔1〕

半畝園林數尺堂，凡花疏竹小池塘。平泉綠野休相笑〔2〕，事業功名合自量。

〔校注〕

〔1〕自注：己酉。

〔2〕平泉：平泉莊。

太和芍藥最盛有紅都勝黃樓子為之冠昔山谷常宰邑篇詠極多獨遺此花四月八日與諸友共賞戲成小詩〔1〕

紅勝依稀如魏紫，緗樓彷彿似姚黃。元豐詩尹渾無語，豈是參謀闕海棠。

〔校注〕

〔1〕自注：辛亥。　　即紹熙二年（1191），時周必大六十六歲。紅都勝：為牡丹千葉紅花中三十四種之一，即詩中之「紅勝」。黃樓子：為芍藥千葉黃花之十六之一，即詩中之「緗樓」。

西昌陳誠之送黃樓芍藥仍枉長篇老懶不能次韻戲答二絕句連歲許紅都未至末章及之〔1〕

其一

芍藥名先記鄭風，那因嘉木辨雌雄。姚黃後出今亡矣，合把黃樓列上公。〔2〕

〔校注〕

〔1〕自注：乙卯（1194）春。　　陳誠之：即陳恂。《道光泰和縣志》卷三《古蹟》：「遠明樓，楊萬里記：西昌陳恂所居，距快閣不遠，取山谷詩語，匾曰遠明。」按黃庭堅《登快閣》詩云：「落木千山天遠大，澄江一道月分明。」楊萬里《誠齋集》卷七四有《遠明樓記》，周必大《平園續稿》卷六有《題陳誠之遠明樓記》。

〔2〕自注：韓魏王以芍藥為花后。

其二

六一先生舊帥揚，分寧太史尹西昌。只緣未睹紅都勝，便似參謀待海棠。〔1〕

〔校注〕

〔1〕原校：一作如杜詩中闕海棠。　　自注：許元寄歐公詩云：芍藥瓊花應有恨，維楊（揚）新什獨無名。公答云：偶不題詩便怨人。山谷太和篇詠甚多，未嘗及此花。

子中兄再示新詩以妃為僭次韻解嘲〔1〕

妃即嬪嬙非並后，公卿雖備要嚴徐〔2〕。黃裳敢僭夫人服，紫袖聊瞻御坐裾。石韞山輝元倚玉，婿飛海運本名魚〔3〕。莫因韓李同佳傳，便廢千年太史書。

〔校注〕

〔1〕自注：乙卯（1194）。　　子中：周必正（1124～1205），字子中，號乘成，周必大從兄，吉州廬陵人。初以祖澤補將仕郎，後改為宣教郎，知南豐縣，秩滿後除主管官告院，進軍器監丞。出知舒州，於任上興學、築堤、造橋，致力民生，政績顯著，得百姓擁戴和尊敬。徙知贛州，修復安陂堤，而費不及民。擢提舉江東常平，後上章乞歸。紹熙間主管武夷山沖祐觀，歸里賦閒。約嘉泰年間上章請致仕，不允，再主管沖祐觀，直至逝世。陸游作《監丞周公墓誌銘》。

〔2〕嚴徐：《史記》卷一一二《平津侯主父列傳》：漢武帝時嚴安、徐樂上書言事，皆拜郎中。後遂以「嚴徐」並稱。泛指有才識之士。

〔3〕婿（duò）：美好。三國魏曹植《七啟》：「收爛亂髮兮拂蘭澤，形婿服兮揚幽若。」

平園之北有荷花數畝張彥和兄弟以售於予戲作小詩〔1〕

紅紅白白滿方塘，風度人言似六郎〔2〕。屬我屬君何必問，匡廬蓮社有周張〔3〕。

〔校注〕

〔1〕作，原作往，據宋本、四庫本改。自注：乙卯中秋。

〔2〕六郎：《舊唐書·楊再思傳》：「易之之弟昌宗以姿貌見寵幸，再思又諛之曰：『人言六郎面似蓮花；再思以為蓮花似六郎，非六郎似蓮花也。』其傾巧取媚也如此」。張昌宗行六，故云。後用為詠蓮之典實。宋陸游《荷花》詩：「猶嫌翠蓋紅妝句，何況人言似六郎。」

〔3〕自注：廬山蓮社十八賢，有周續、張野、張銓。

江西漕張送大有年堂酒百壺戲答小詩〔1〕

無何日飲口流涎,大有年堂酒滿船。孔聖百觚誰敢比,仲由嗜嗑且希賢〔2〕。

〔校注〕

〔1〕江西漕張:自注:「同之」。題自注:「乙卯十一月」。即江南西路漕張同之。張同之(1147～1196),字野夫,和州(今安徽和縣)烏江人。南宋著名詞人張孝祥之子。累官直秘閣,移江南西路轉運判官。

〔2〕仲由:字子路,孔子的學生。希賢:仰慕賢者。

陳誠之以長句送揚州花仍催踐快閣之約戲答〔1〕

清歌句句戛鳴球〔2〕,紅藥年年具彩舟。更約倚晴登快閣,真成騎鶴上揚州〔3〕。

〔校注〕

〔1〕自注:丙辰。

〔2〕鳴球:謂擊響玉磬。

〔3〕騎鶴上揚州:南朝梁殷芸《小說》卷六:「有客相從,各言所志,或願為揚州刺史,或願多貲財,或願騎鶴上升。其一人曰:『腰纏十萬貫,騎鶴上揚州。』欲兼三者。」後因以比喻欲集做官、發財、成仙於一身,或形容貪婪、妄想。

平園老叟周某敬讀次對兄芙容絕句歎服不已效顰於後〔1〕

秋花少似春花紅,眼明見此木芙蓉。斜臨野水作清鏡,似照曉妝濃未濃。

〔校注〕

〔1〕自注:丙辰九月。次對:吳摠(又作吳總),字次對,吳璘第四子。初補京秩(《建炎以來朝野雜記》乙集卷一四《川秦茶馬二司分合》),官右朝請郎,隆興二年初知洋州(《宋會要》儀制一〇之三六),旋即以右宣義郎權通判階州,九月,轉右朝奉郎,賜紫章服,除太府寺丞(《宋會要》輿服四之三一,後為秘閣修撰。乾道元年五月特與除集英殿修撰,主管祐神觀。芙容:即芙蓉。

彭孝求以詩送芍藥云今年厄閏不佳且許紅都勝不至云待明年戲答小詩〔1〕

厄閏黃楊古所傳，翻階紅藥豈其然。明年果得真都勝，便是雙鵰一箭穿。

〔校注〕

〔1〕自注：丁巳。彭孝求（1135～1207），名惟孝，字孝求，號求志居士，又號玉峰老人，盧陵太和（今江西泰和）人。慶元元年，周必大薦其入朝，作賦論政，為宋寧宗所賞，授之官不從。參陸游《渭南文集》卷三九《求志居士彭君墓誌銘》。厄閏：即「黃楊厄閏」。宋陸佃《埤雅·釋木》：「黃楊木堅致難長，俗云：歲長一寸，閏年倒長一寸。」因以「黃楊厄閏」喻境遇困難，遭受挫折。蘇軾《監洞霄宮俞康直郎中所居四詠·退圃》：「同中草木春無數，只有黃楊厄閏年。」

連年視聽不明有耳雨空花之對今歲尤甚戲成小詩〔1〕

夜雨稀聞聞耳雨，春花微見見空花。自憐他日盲宰相，今復癡聾作富家。

永新賀升卿著春秋會正論屢督跋戲往〔1〕

三傳名家各是非，聖經元自許傳疑。遲遲著語君知否，游夏猶難措一辭。

〔校注〕

〔1〕自注：丁巳夏。　　賀升卿：與楊萬里、周必大皆有交往。著有《春秋會正論》。楊萬里《和賀升卿雲庵。升卿嘗上書北闕，既歸，去歲寄此詩，今乃和以報之》，周必大除此詩外，另有《賀升卿年垂八十以詩寄平園新詠二十二篇又錄》。

江西美錄示新舊詩一篇戲贈二十字於後〔1〕

夢筆異文通〔2〕，詩篇總自工。長哦三伏里，句句是清風。

〔校注〕

〔1〕題自注：丁巳閏六月。在「江西美」後注一小字：「璆」。江璆：明弘治《衢州府志》卷十《科貢·開化·科》云：「（宋）江璆：乾道五年鄭僑榜進士。」《廣

東通志》卷九《職官表中》云：「江璆：乾道六年（1170）四月任」「提舉常平」，同卷又云「江璆：右朝請郎」「知康州」。

〔2〕文通：江淹（444～505），字文通。南朝齊梁文學家。濟陽考城（今河南蘭考）人。歷仕宋、齊、梁三代。官至金紫光祿大夫。少孤貧好學，早年即以文章著名。晚年高官厚祿，才思大減，人稱「江郎才盡」。詩多擬古之作，頗能顯示各家風格特色。抒情賦文辭工麗，委婉動人。著作有《江文通集》。

洪景盧內翰為甘叔懷作碧崖修造疏戲題小詩奉勸本宮管轄而下諸道友助緣〔1〕

碧崖道士拍洪肩，白水真人覓玉泉〔2〕。我似東軒無一物，閬山風月不論錢。

〔校注〕

〔1〕自注：丁巳十一月十日。洪景盧：洪邁。甘叔懷：碧崖道士。

〔2〕白水真人：漢代錢幣「貨泉」的別稱。西漢末王莽稱帝後，忌惡劉氏。因為錢字有「金刀」，「劉」字正是由「卯、金、刀」組成，所以改稱錢為「貨泉」。「泉」由「白、水」兩字組成，後因稱錢幣為「白水真人」。見《後漢書・光武帝紀論》。李白《南都行》：「白水真人居，萬商羅廛闠。」玉泉：酒。

慶元戊午重九天氣晴和侍七兄提舉監丞早集清都臺午飯讀書臺晚集神岡西臺皆古蹟也戲成小詩〔1〕

午風和氣借春來〔2〕，雨足黃花越節開。要識重陽真富貴，弟兄一日歷三臺〔3〕。

〔校注〕

〔1〕慶元戊午：即慶元四年（1198），作者時 73 歲。

〔2〕午風，張本作「年豐」。

〔3〕自注：陸士龍與兄書云：一日上三臺。曹公藏石墨十萬斤。又蔡邕以侍御史遷尚書，三日之間周歷三臺。

己未立春留楊伯子知縣小酌夜聞窗竹有聲伯子以為雪或曰風也已而果雪詰旦敲門送詩走筆戲和〔1〕

莫訝衰翁笑口開，故人風度繼歐梅。墮筵雪陣魚麗遠〔2〕，蹋跡詩仙鳳沼來。酒似茅柴居膈上，句如桂子落天台。新年春日相追逐，誰謂天公厭兩回〔3〕。

〔校注〕

〔1〕自注：楊伯子，長孺。　　楊萬里長子。時任知縣。己未：即慶元五年（1199），作者74歲。

〔2〕墮筵：即「夢墜筵物」。宋兵破南唐時，有人夢女從空中筵物如豆事，為當死於難之兆。宋蔡絛《金玉詩話》（即《西清詩話》）：「王師弔伐江左，城破，或夢卯角女子行空中，以巨筵筵物散落如豆者，著地皆成人。問其故，曰：『此當死於難者。』後見貴人盛冠服繼墮於地，云：「此徐舍人也。」既寤，聞徐鍇死圍城中。」

〔3〕自注：謂坐中舉東坡詩句。

某昨蒙寶文待制輒送揚州紅都勝，欲占小詩敘謝，怯大巫而止。茲者賢郎明府相過，屢索芍藥詩，實不曾作。謹用前意成四韻，拙遲可笑〔1〕

紅藥何年有〔2〕，繁花掃地無。風光分謝砌，根撥記江都。兩兩丹山鳳〔3〕，炎炎赤水珠。春衫誰氏女，比併強施朱。

〔校注〕

〔1〕自注：己未。　　寶文待制：宋寶文閣待制省稱。《宋史·職官志》二《官觀兼侍講》：「乾道七年，寶文待制胡銓除提舉祐神觀兼侍講。」宋謝維新《古今合璧事類備要·後集》卷二三有相同記載。

〔2〕紅藥：指紅都勝。

〔3〕自注：一株四花。

小詩戲王駒甫請來早轉喬布威德源得善彥和志伯西美粹夫及愚卿兄弟共不託一杯已有定例不設他味〔1〕

岩桂芙蓉映菊籬，小春仍上海棠枝。甕頭幸有茅柴酒〔2〕，來看平園萬戶棋。

〔校注〕

〔1〕自注：己未九月二十八日。　　即慶元五年（1198）。伯威：歐陽鈇，字伯威，號寓庵，廬陵縣永和（今吉安縣永和鎮）人。其族與歐陽修同系，歐陽珣為其祖。　　德源：葛溓，字德源，其高祖葛詠從常州遷至廬陵。其叔祖是著名學者葛敏修。葛溓四歲而孤，十一歲母亡，隨伯父生活，也曾與周必大一同參加過吉州解試，但未能中第，其後在廬陵授徒著書。周必大退休後與歐陽鈇、葛溓過從甚密。得善：即李少育。彥和：李靚（1110～1140），字彥和。吉州龍泉（今江西遂川）人，紹興初，走淮南，以策干都督張浚。張浚奇之，使隸淮西總管孫暉麾下，後累功授承信郎。金歸宋河南、陝西之地，乃隨孫暉進駐西京洛陽。紹興十年（1140），金將翟將軍率軍攻西京，李靚揮師迎敵，俘翟將軍，遂乘勝逐北。遭遇金軍主力，戰死。周必大亦有《忠義李君傳》明確記載三十歲戰死。此彥和據李靚 58 年，因此，此詩紀年應該是 1148 年才對。徐浩：字志伯，朱熹知舊門人，與朱熹書信往來問答。西美：江珍。粹夫：不詳。

〔2〕茅柴酒：《陔餘叢考·茅柴酒》：「酒之劣者，俗謂之茅柴酒……蓋酒之新釀，用茅柴壓而醡（榨酒，壓槽取酒）之耳。」

楊子直秘書以一詩送小兒歸省又一絕及平園花木校文苑英華並次韻發笑〔1〕

其一

老去何心悅盛華，觀書無奈眼昏花。但思載酒揚雄宅〔2〕，細問三州二部家〔3〕。

〔校注〕

〔1〕自注：癸亥春。楊子直：即楊方，與朱熹書信往來甚多，朱熹作《與楊子直》書、《答楊子直》數十通。

〔2〕揚雄宅：西漢文學家揚雄字子雲，蜀郡人，家貧，少田產，門前冷落。後因以揚雄宅、揚子宅喻指文士的貧居，也藉以詠蜀地。

〔3〕自注：從象隨卦云爾。

其二

栽花種竹滿平園，人道安閒似樂天。自笑鉛黃消永日，何如蠻素樂華年〔1〕。

〔校注〕

〔1〕蠻素：唐孟棨《本事詩·事感》：「白尚書姬人樊素善歌，妓人小蠻善舞。嘗為
　　詩曰：『櫻桃樊素口，楊柳小蠻腰。』」《舊唐書·白居易傳》；「家妓樊素、蠻
　　子者，能歌善舞。……（大和）四年冬，得風病，伏枕者累月，乃放諸妓女樊、
　　蠻等。」

壬戌冬至胡季亨伯信仲威叔賢相過洛花一朵正開置酒賞之王南劍偶遣矮人獻笑坐中以開閉長短為戲因成四韻〔1〕

　　霽色舒圭景，寒醅豔玉杯。關譏方且閉，國色已先開。幸有佳賓客，
將何助笑咍〔2〕。共言長至日，底事矮人來。

〔校注〕

〔1〕胡季亨：即胡渙，字季亨，胡銓姪子。伯信：即胡柯，字伯信，周必大好友胡
　　維寧之子，胡銓姪孫。宋真宗、宋孝宗年間修訂《文苑英華》時，最後經周必
　　大、胡柯和彭叔夏復校，於嘉泰元年（1201）開始刻版。仲威：即胡仲威，字
　　伯圓，胡銓姪孫。嘉定中官廣西桂州通判。胡叔賢：生卒不詳，字恭夫，胡銓
　　姪孫。今水田鄉孔家巷村人。兩次鄉試中舉，歷任廣東連山主簿、廣西武利江
　　軍判、奉議郎。王南劍：即王岡向，字南劍。周必大《泛舟遊山錄》：「丁卯，
　　三倅（邊朝請、劉敷文堯佐、胡奉議傳）。轉運司主管官汪朝散邁、帳干許承
　　直可久、幹辦公事周文林閎、黃吏部然及其叔季文、李常州安國、司馬總領倬、
　　李靖州漢英、王提舉淪、王南劍岡向郎中訪並相候。遊鐵柱觀。」此錄中便有
　　「王南劍岡向郎中」。

〔2〕咍：喜悅，歡快。唐皇甫湜《吉州刺吏廳記》：「昔民嗷嗷，今民咍咍。」譏笑，
　　嗤笑。屈原《九章·惜誦》：「行不群以顛越兮，又眾兆之所咍。」杜甫《秋日
　　荊南述懷》：「休為貧士歎，任受眾人咍。」

正月三日胡季亨及伯信仲威叔賢昆仲歐陽宅之李達可同自永和來雨中小集迭岫閣用金鼎玉舟勸酒下視默林戲舉說命五說戲祝六君蒙次前韻賦佳篇各徵舊事各以一篇為謝〔1〕

答胡季亨

　　未復中原近守淮，前朝該輔只時來。濟川用礪我無是〔2〕，作醴和羹

何有哉〔3〕。正喜春晴知歲美〔4〕，頓招兩蕊坐筵開〔5〕。和詩更作齊兒語，老手屠龍合拊孩。

〔校注〕

〔1〕自注：癸亥。

〔2〕濟川：本指渡河，喻指輔佐君主治理天下，或指志向遠大的濟世之才。常用作「濟巨川」。孟浩然《都下送辛大之鄂》：「未逢調鼎用，徒有濟川心。」

〔3〕和羹：《尚書·商書·說命下》：「王曰：『來汝說……？』若作酒醴，爾唯麴糵；若作和羹，爾唯鹽梅。」殷高宗命傅說作相，將他比喻為調羹湯所必須的調味品。後因用「和羹」作為稱頌宰相。唐徐夤《梅花》：「結實和羹知有日，肯隨羌笛落天涯？」劉禹錫《和汴州令狐相公到鎮改月偶書二十二韻》：「受賑新梁苑，和羹舊傅岩。」

〔4〕自注：初一、初二皆晴。

〔5〕兩蕊，四庫本作「雨澀」。

英德邵守之綱記予衰顏戲題數語〔1〕

使君燕頷虎頭，法當萬里封侯。宜伯蜀而之廣，繪象祠於兩州。鈴閣雖非麟閣〔2〕，胡為畫此獼猴。亦如杭人效穆仲，獻笑於坡代俳優耶〔3〕。

〔校注〕

〔1〕自注：壬戌。

〔2〕鈴閣：亦作「鈴閣」。指翰林院以及將帥或州郡長官辦事的地方。

〔3〕穆仲：《國語》「穆仲論魯侯孝」云：「樊穆仲曰：『魯侯孝』」。穆仲，仲山父之謚也，猶魯叔孫穆子謂之穆叔。

永豐監稅黃思義寫予真於大椿之下戲題〔1〕

鬢髮皤然八十春〔2〕，若為百倍比莊椿〔3〕。藉令十此如彭祖〔4〕，亦是雞窠九世人〔5〕。

〔校注〕

〔1〕自注：壬戌秋。

〔2〕皤然：白貌。多指鬢髮。

〔3〕莊椿：祝人長壽之詞。《莊子・逍遙遊》：「上古有大椿者，以八千歲為春，八千歲為秋。」

〔4〕彭祖：傳說中的人物。因封於彭，故稱。傳說他善養生，有導引之術，活到八百高齡。

〔5〕雞窠九世：即「九世雞窠」。宋錢易《洞微志》：「太平興國中，李守忠為承旨，奉使南方。過海至瓊州界，道逢一翁，自稱楊退舉，年八十一。邀守忠詣所居，見其父曰叔連。年一百二十二。又見其祖曰宋卿，年一百九十五。語次，見梁上一雞窠，中有一小兒，頭下視。宋卿曰：『此吾九（一作「前」）代祖也，不語不食，不知其年，朔望取下，子孫列拜而已。』」。按：編者所見《洞微志》（《說郛》本及《五朝小說大觀》本）「九代」皆作「前代」。

張孜仲寅寫予真倚松而立戲題〔1〕

曾陪漢幄運前籌，也忝分封萬戶留。未問家傳黃石法〔2〕，且來閒伴赤松遊。

〔校注〕

〔1〕自注：壬戌。張孜，字仲寅。餘不詳。

〔2〕黃石法：《史記・留侯世家》載黃石公授張良《太公兵法》。「黃石法」，即指太公兵法。

陸務觀之友杜敬叔寫予真戲題四句他日持似務觀一笑〔1〕

西百官中識放翁，四年上下日相從。如今鶴伴山雞舞，羞對雲間陸士龍〔2〕。

〔校注〕

〔1〕自注：壬戌。　　杜敬叔：《紹興府志》卷四六《人物志》六：「杜思恭，字敬叔，上虞人，寓居山陰。登淳熙進士。歷吉州司理，平反冤獄，發粟振饑，民受其惠。官滿解去，遮留者以千計。終平樂令。時名士陸游、周必大、楊萬里並以國士期之，至表薦於朝曰：學貫六經，文師兩漢，可備著述。未用而卒。」陸游《劍南詩稿》卷二十七有《杜敬叔寓僧舍開軒松下以虛瀨名之來求詩》，《乾隆浙江通志》卷四五《古蹟》七：「虛籟亭。《弘治紹興府志》：『在上虞縣，宋杜思恭建。』」按：即虛瀨軒。

〔2〕陸士龍：陸雲，字士龍，吳郡吳縣（今江蘇蘇州）人，西晉文學家，東吳丞相
　　　陸遜之孫，東吳大司馬陸抗第五子。與其兄陸機合稱「二陸」，曾任清河內史，
　　　故世稱「陸清河」。

贛州豐樂長老惠宣寫予真戲贊時年七十三〔1〕

　　少年日醉鬱孤臺〔2〕，鼎立三禪屢往來〔3〕。豪氣雖存誰復識，形容
變盡鬢暟暟。

〔校注〕

〔1〕自注：戊午十月辛巳。

〔2〕鬱孤臺：在江西贛州西南賀蘭山頂。因高阜鬱然孤起，故名。唐贛州郡守李勉
　　　登臨北望，因改名望闕，宋曾慥增築二臺，南為鬱孤，北為望闕。

〔3〕三禪：佛教謂色界之第三禪天。

青原祖燈監寺屢問予久不入山寫真戲題〔1〕

　　欲作青原掛搭僧〔2〕，傳聞米價逐時增。繞腰三篋非難事，空腹何能
念葛藤。

〔校注〕

〔1〕自注：戊午臘月八日。

〔2〕青原：山名。在江西廬山東南。掛搭僧：遊方和尚。

法華院僧祖月寫余真戲贊〔1〕

　　老子七十七，到處遮人壁。住世更十年，化身千百億〔2〕。

〔校注〕

〔1〕宋本注：壬戌人日。

〔2〕《中峰和尚真贊》：「身如天目山，寂然不動尊，慈雲灑法雨，遍滿十方界；化
　　　身千百億，非幻亦非真，覓贊不可得，為師作贊竟。」

使臣周允寫平園老叟真於松竹龜鶴間戲贊〔1〕

　　松可以傲霜雪，竹可以延風月。龜巢葉而養氣，鶴鳴皋而戢翼〔2〕。
置閒身於四物，聊竊名於五一。

〔校注〕

〔1〕自注：嘉泰辛酉二月乙卯，時年七十六。周允：生平不詳。

〔2〕戢翼：收攏翅膀，不再飛翔。比喻退隱。

予刻文苑英華千卷頗費心力使臣王思恭書寫校正用功甚勤因傳予神戲為作贊〔1〕

倚樹而吟據槁梧〔2〕，自憐爾雅注蟲魚〔3〕。汝曹更作書中蠹，不愧鯤鵬海運歟。

〔校注〕

〔1〕自注：甲子四月旦。　　王思恭：成忠郎、新差充筠州臨江軍巡轄馬遞鋪權本府使臣王思恭任《文苑英華》寫樣、督工。

〔2〕據槁梧：《莊子・德充符》：「倚樹而吟，據槁梧而暝，」後人詩文中或以指兒，或以指琴。

〔3〕《爾雅》：是我國最早的一部的字書。

甲申四月甲子夜夢以焦坑小團及宜春新芽送隆慶長老了遠戲作柬云云矍然而寤枕上又補一頌以茶送達數日前曾有此意而一點千林非因想所及也〔1〕

其一

達上座，惺惺著，靈根一點便通神，敗葉千林都掃卻。〔2〕

其二

睡起尋思鹿覆蕉〔3〕，更將惡水向人澆。夢中妄語渾閒事，眼暈生花好一鍬〔4〕。

〔校注〕

〔1〕隆興二年（1164）四月作者作於廬陵。

〔2〕自注：夢中戲作。

〔3〕鹿覆蕉：《列子・周穆王》：「鄭人有薪於野者，偶駭鹿，御而擊之，斃之。恐人見之也，遽而藏諸隍中，覆之以蕉。不勝其喜。俄而遺其所藏之處，遂以為夢焉。順塗而詠其事。」

〔4〕自注：枕上補作。

卷十九

史堯弼

　　史堯弼（1119～約1162），字唐英，世稱蓮峰先生，眉州（今四川眉山）人。幼年即以文學知名，高宗紹興二十七年（1157）與弟堯夫同登第，未仕。著有《蓮峰集》三十卷。已佚。存詩一百餘首。今錄戲謔詩3首。

師伯渾至青神約訪而潛歸以詩相別因戲之〔1〕

　　開門脫兔豈非癡〔2〕，空費追亡急作詩。雪月會知思戴老〔3〕，棗瓜方欲問安期〔4〕。夢魂莫逐人千里，遙夜還同月一規。此去相過吾得計，定應掎角待伊尼〔5〕。

〔校注〕

〔1〕師渾甫，字伯渾，四川眉山人，隱居於龍山。擅書法，醉墨尤佳。據《老學庵筆記》卷三，師伯渾，字渾甫。他在通過州府拔解試之後，不願赴京參加禮部試，其弟不告而冒其名以行，登進士第，渾甫遂以字為名而改字曰伯渾。其人志向高遠，性格超邁，隱居自放。乾道九年（1173），陸游與他相識於眉山，一見如故，有詩書酬答往來。淳熙四年（1177）逝世，其子師懷祖彙輯父親生前文章為集，又寫信請伯渾好友陸游作序文。青神：舊縣名。在四川省中部岷江中游。現併入眉山縣。

〔2〕脫兔：脫逃之兔，喻行動迅疾。「是故始如處女，敵人開戶；後如脫兔，敵不及拒。」杜牧注：「險迅疾速，如兔之脫走，不可捍拒也。」後遂以「脫兔」喻行動迅疾。

〔3〕戴老：戴安道。南朝宋劉義慶《世說新語・任誕》：「王子猷（王徽之）居山陰，夜大雪，眠覺，開室命酌酒。四望皎然，因起彷徨，詠左思《招隱詩》，忽憶

戴安道（戴逵）。時戴在剡，即便夜乘小船就之、經宿方至，造門不前而返。人問其故，王曰：『吾本乘興而行，興盡而返，何必見戴？』」

〔4〕安期：舊題漢劉向《列仙傳》卷上《安期先生》：「安期先生者，瑯琊阜鄉人也。賣藥於東海邊，時人皆言千歲翁。秦始皇東遊，請見，與語三日三夜。賜金璧，度數千萬。出於阜鄉亭，皆置去。留書，以赤玉舄一雙為報，曰：『後數年，求我於蓬萊山。』始皇即遣使者徐市、盧生等數百人入海，未至蓬萊山，輒逢風波而還。」《史記》卷一二《孝武本紀》：「少君言於上曰：『……臣嘗遊於海上，見安期生，食臣棗，大如瓜。安期生仙者，通蓬萊中，合則見人，不合則隱。』」方士李少君自稱吃過仙人安期生給他的仙棗，其大如瓜。

〔5〕掎（jǐ）角：《左傳・襄公十四年》：「譬如捕鹿，晉人角之，諸戎掎之，與晉踣之。」孔穎達疏：「角之謂執其角也；掎之言戾其足也。」後以「掎角」謂分兵牽制或夾擊敵人，《三國志・陸遜傳》：「掎角此寇，正在今日。」亦謂分兵互相呼應。《舊唐書・德宗紀下》「宜令諸道各出師徒，掎角齊進。」

〔6〕伊尼：鹿的別稱。《事物異名錄・獸畜・鹿》引《翻譯名義集》：「佛書謂鹿為伊尼。」

戲中書岩寶印師方丈〔1〕

其一

寧墮眉毛出為人，舌端雷電不無神。如今有口卻掛壁，草木岩中元自春。

其二

放形漫浪蜀山西，只是人間一闡提〔2〕。不擬將心覓安處，閒來洗腳玉泉溪〔3〕。

〔校注〕

〔1〕岩寶印師方丈：不詳。疑為別峰寶印禪師，俗姓李，字恒寂，宋徽宗大觀三年（1109）出生於眉山。

〔2〕一闡提：佛教名詞。亦譯「一闡提迦」，簡稱「闡提」，用以稱「不具信」「斷善根」之人。《涅槃經・梵行品》：「一闡提者，斷滅一切諸善根本，心不攀緣一切善法。」《楞伽經》卷一：「一闡提有二種，一者捨一切善根，及於無始眾生發願。……二者菩薩本自願方便故，非不般涅槃一切眾生，而般涅槃。」

〔3〕玉泉溪：指今湖南中西部一條小溪。一云飛雲江支流。在浙江省南部。源出文
　　成縣與青田縣分水嶺的文成縣一側。

喻良能

喻良能，字叔奇，號香山，義烏（今屬浙江）人。高宗紹興二十七年（1157）王十朋榜進士，補廣德尉，歷鄱陽丞、星源令，通判紹興府。累官國子監主簿、工部郎中、太常丞。出知處州，尋奉祠。有《香山集》《忠義傳》等。今錄戲謔詩 9 首。

余同年由試院積俸給買馬而歸中路幾逸戲作長句贈之

知君幾作東野畢〔1〕，瘦馬田間風欲逸。圉人白汗似翻珠〔2〕，暫爾奔騰未為失。歸家須辦紫遊韁，玉轡紅纓搖鬧裝。一鞭嘶風映垂楊，要試寧川春草長〔3〕。

〔校注〕

〔1〕東野畢：東野畢是春秋時期人，因為善於駕車而聞名於諸侯。顏回見東野畢駕車的把式，說他的馬會佚，後果不其然。

〔2〕圉人：官名，掌管養牧馬匹之事。

〔3〕寧川：當即今河北萬全縣西洋河支流馬林河。東晉義熙四年（408），北魏拓跋珪出遊至此。

四月二十九日坐直廬讀山谷效東坡作薄薄酒二章慨然有感追賦一首

薄薄酒，勝獨醒。醜醜婦，勝鰥煢。笙歌鼎沸不須羨，松風滿耳自足聽。前遮後擁未必樂，邀月對影堪娛情。晚食有味可當肉，衡宇無災

勝列屋〔1〕。魯東門外聽鐘鼓，齊宣堂下狀轂觫。何如巢林一枝，飲河滿腹〔2〕。水磑多至三十具〔3〕，胡椒滿貯八百斛。何如濁酒一杯，彈琴一曲。子平為富不如貧〔4〕，子方稱賤能驕人。高明之家鬼可瞰，網射納稅官不嗔。中山醇醪醉千日，文君遠山致消渴〔5〕。不如茆柴百錢可一斗，荊釵白頭長相守。

〔校注〕

〔1〕衡宇：泛指屋宇。《南史·劉損傳》：「損元嘉中為吳郡太守，至昌門，便入太伯廟。時廟室頹毀，垣牆不修，損愴然曰：『清塵尚可髣髴，衡宇一何摧頹。』即令修葺。」唐李德裕《金松賦》：「我有衡宇，依山岑寂。」宋蘇軾《歸去來集字》詩之一：「相攜就衡宇，酌酒話交情。」

〔2〕巢林一枝：《莊子·逍遙遊》：「鷦鷯巢於深林，不過一枝。」謂鷦鷯築巢，只不過佔用一根樹枝。後以「巢林一枝」比喻安本分，不貪多。《宋史·李沆傳》：「巢林一枝，聊自足耳，安事豐屋哉？」飲河滿腹：《莊子·逍遙遊》：「鷦鷯巢於深林，不過一枝；偃鼠飲河，不過滿腹。」後遂以「飲河滿腹」比喻人應知足，貪多無益。《雲笈七籤》卷九四：「夫人之生也，必營於事物，事物稱萬，不獨委於一人。巢林一枝，鳥見遺於叢葦；飲河滿腹，獸不恡於洪波。」

〔3〕水磑（wèi）：水碾磑，即水磨。利用水力旋動的磨面設備。《北齊書·高堂隆傳》：「又鑿渠引漳水周流城郭，造治水碾磑，並有利於時。」《隋書·楊素傳》：「素負冒財貨，營求產業，東、西二京，居宅侈麗……爰及諸方都會處，邸店、水磑並利田宅以千百數。」《新唐書·王方翼傳》：「（方翼）乃出私錢作水磑，簿其贏，以濟饑療。」

〔4〕子平：《後漢書》卷八十三《逸民列傳·向長》：「向長，字子平，河內朝歌人也。隱居不仕，性尚中和，好通老、易。貧無資食，好事者更饋焉，受之取足而反其餘。王莽大司空王邑闢之，連年乃至，欲薦之於莽，固辭乃止。潛隱於家。讀易至損、益卦，喟然歎曰：『吾已知富不如貧，貴不如賤，但未知死何如生耳。』」唐李賢注引《高士傳》：「『向』字作『尚』。」

〔5〕文君：即卓文君。《史記·司馬相如列傳》載：漢臨邛富翁卓王孫之女，貌美，有才學。司馬相如飲於卓氏，文君新寡，相如以琴曲挑之，文君遂夜奔相如。唐溫庭筠《錦城曲》：「巴水漾情情不盡，文君織得春機紅。」司馬相如有「消渴症」即糖尿病。

村居夜坐讀王右丞山中與裴迪書愛其清婉有魏晉風味因集其語作詩一首亦老坡哨遍之義也

景氣既和暢〔1〕，故園殊可依。遠山映清月，曲水涵淪漪〔2〕。寒犬吠如豹，村舂聞自機。因思曩昔友，攜手同賦詩。

〔校注〕

〔1〕景氣：景色；景象。晉殷仲文《南州桓公九井作》詩：「景氣多明遠，風物自淒緊。」唐杜審言《泛舟送鄭卿入京》詩：「酒助歡娛洽，風催景氣新。」

〔2〕曲水：古代風俗。農曆三月三日上巳日就水濱宴飲，認為可祓除不祥，後人因引水環曲成渠，流觴取飲，相與為樂，稱為曲水。晉王羲之《蘭亭集序》：「又有清流激湍，映帶左右，引以為流觴曲水，列坐其次。」唐元稹《代曲江老人》詩：「曲水流觴日，倡優醉度旬。」

亦好園群花盛開戲成〔1〕

其一

小圃初乾曉雨，雜花爭試新妝。揉色似觀濯錦〔2〕，吹香如過河陽〔3〕。

〔校注〕

〔1〕亦好園：又名磬園。在浙江義烏。作者淳熙年間（1174～1189）於香山構築。

〔2〕濯錦：成都一帶所產的織錦，以華美著稱。亦指漂洗這種織錦。唐段成式《酉陽雜俎·廣知》：「歷城北二里有蓮子湖，周環二十里，湖中多蓮花，紅綠間明，乍疑濯錦。」

〔3〕如，《永樂大典》卷五八三九作「妬」。

其二

三歲無諸國裏，青春不是花時。今日小園春半，百般紅紫芳菲。〔1〕

〔校注〕

〔1〕自注：福唐桃李臘中皆開，紫笑，茉莉五月始盛。

戲詠書案上江梅水仙

偷將行雨瑤姬佩〔1〕，招得凌波仙子魂〔2〕。幽韻清香兩奇絕，小窗斜月伴黃昏。

〔校注〕

〔1〕瑤姬：炎帝之女，最早出現在《山海經》裏，傳說瑤姬「精魂為草，實為靈芝」。

後因以「瑤姬」為花草之神。亦用指色白如玉的花。

〔2〕凌波仙子：荷花、水仙等水養花卉的別稱。

餘干資福寺岩桂盛開因折一枝戲成絕句

綠玉枝頭金粟團〔1〕，可人風味勝紅蘭〔2〕。一枝攜向金溪去〔3〕，袖裏誰知有廣寒。

〔校注〕

〔1〕金粟：桂花的別名。因其色黃如金，花小如粟，故稱。

〔2〕紅蘭：蘭草的一種。

〔3〕金溪：地名，現在江西省金溪縣。

七夕戲詠

別多會少兩情深，風幌雲屏喜不禁〔1〕。誰道初秋清夜永，須知一刻直千金。

〔校注〕

〔1〕風幌：指隨風飄動的帷幔。雲屏：有雲形彩繪的屏風，或用雲母作裝飾的屏風。

亦好園海紅黃香梅著子戲成小詩

一枝濃豔倚東風，千葉輕黃點翠叢。占得娉婷仍結子，故應花果譜兼通。

釋寶曇

釋寶曇（1129～1197），字少雲，俗姓許，嘉定龍游（今四川樂山）人。幼學章句業，後出蜀，住四明仗錫山，為史浩深敬，築橘洲使居，固自號橘洲老人。為詩慕蘇軾、黃庭堅，自稱「憂患一世間，遊戲瀚墨海」。有《橘洲文集》十卷傳世。今錄戲謔詩 1 首。

劇暑戲成

風怒欲翻屋，汗香仍浹膚。物方矜外武，吾獨畏中枯。璧月團霜箑〔1〕，湘波浸竹鋪。為君拚一飲，滿意說江湖。

〔校注〕

〔1〕霜箑（shà）：白色的扇子。

李　洪

　　李洪（1129～？），字子大，又字可大（《宋詩紀事補遺》卷六十一），揚州（今屬江蘇）人。正民子。宋室南渡後僑寓海鹽、湖州。高宗紹興二十五年（1155），官監鹽官縣稅。孝宗隆興元年（1163），為永嘉監倉。未幾，奉召入臨安任京職，知溫州、藤州。慶元五年（1199），提舉浙東，除本路提刑。其詩時露警秀，七律尤工。有《芸庵類稿》二十卷，已佚，現存詩五卷。今錄戲謔詩 2 首。

戲題

其一

　　世事悠悠豈盡，人生汲汲多端。陶令欲歌歸去〔1〕，貢公何事彈冠〔2〕。

〔校注〕

〔1〕陶令：指晉陶潛。陶潛曾任彭澤令，故稱。

〔2〕貢公彈冠：《漢書·王吉傳》云：王吉和貢禹是一對好友。人們常說：「王吉做了官，貢禹也可彈彈冠上的灰塵，準備人仕了。」意云兩人的取捨一致。後來，貢禹以明經潔行，徵為博士。元帝時累官至御史大夫。屢次上書言朝事得失，主張選賢能，誅姦臣，罷倡樂，修節儉。後世尊稱「貢公」。

其二

　　多病閉門懶出，避喧終日高眠。惟可以君命竹，安能以兄事錢。

項安世

項安世（1129～1208），字平甫，號平庵，其先括蒼（今浙江麗水）人，後家江陵（今屬湖北）。孝宗淳熙二年（1175）進士，調紹興府教授。歷秘書省正字、知鄂州，戶部員外郎、湖廣總領。有《平庵悔稿》等。今錄戲謔詩1首。

嘲熱弄

棫樸芃芃旱麓邊，為薪為槱合禋天。〔1〕山牆野店茅灰裏，熱弄須臾亦可憐。

〔校注〕

〔1〕棫樸芃芃：《詩經・大雅・棫樸》：「芃芃棫樸，薪之槱之。」芃芃：茂盛。棫樸：白桵和棗木。槱：聚積（木柴）。棫樹和棗樹蓬蓬地生長，燒起它、堆起它。旱麓：《詩經・大雅・旱麓》：「瞻彼旱麓，榛楛濟濟。」毛亨注：「旱，山名。麓，山足也。」王應麟：「《地理志》漢中郡南鄭縣旱山，沱水所出，東北入漢。」禋天：祀天。《後漢書・袁紹劉表傳贊》：「窺圖訊鼎，禋天類社。」李賢注引《國語》：「精意以享謂之禋。」

朱　熹

朱熹（1130～1200），字元晦，一字仲晦，號晦庵，晚號晦翁，別稱紫陽、考亭先生，徽州婺源（今江西婺源）人，後遷徙到建陽（今屬福建）。高宗紹興十八年（1148）進士。曾在白鹿洞書院和嶽麓書院講學。曾任秘閣修撰、煥章閣待制等職，卒諡「文」，世稱朱文公。著有《四書章句集注》《朱子語類》《晦庵先生文集》等。今錄戲謔詩58首。

去歲蒙學古分惠蘭花清賞既歇復以根叢歸之故睕而學古預有今歲之約近聞頗已著花輒賦小詩以尋前約幸一笑〔1〕

秋蘭遞初馥，芳意滿沖襟〔2〕。想子空齋裏，淒涼楚客心〔3〕。夕風生遠思，晨露灑中林。頗憶孤根在，幽期得重尋。

〔校注〕

〔1〕題一作《秋蘭》。

〔2〕芳意：春意或對他人情意的美稱。

〔3〕楚客：此指流放在汨羅的屈原。

宋丈示及紅梅臘梅借韻兩詩輒復和呈以發一笑

其一

聞說寒梅盡，尋芳去已遲。冷香無宿蕊〔1〕，穠豔有繁枝。正復非同調，何妨續舊詩。廣平偏嫵媚，鐵石悮心期。〔2〕

〔校注〕

〔1〕冷，淳熙本作「清」。

〔2〕悞，原校：一作「悟」。自注：「宋丈前篇乃用施朱粉事。」　　廣平鐵石：廣平，唐宋璟的別號。玄宗時名相，耿介有大節，以剛正不阿著稱於世。因曾封廣平郡公，故名。皮日休《桃花賦》：「余嘗慕宋廣平之為相，貞姿勁質，剛態毅狀，疑其鐵腸石心，不解吐婉媚辭，然睹其文而有梅花賦，清便富豔，得南朝徐庾體，殊不類其為人也。後蘇相公味道得而稱之，廣平之名遂振。」清人余懷《板橋雜記·軼事》：「雖宋廣平鐵石心腸，不能不為梅花作賦也。」

其二

風雪催殘臘，南枝一夜空。誰知荒草裏，卻有暗香同。質瑩輕黃外，芳滕淺絳中〔1〕。不遭岑寂侶，何以媚孤叢。

〔校注〕

〔1〕滕：尹波校《朱熹集》作「勝」。校云：原作「滕」，據宋閩、浙本改。淳熙本作「騰」。

又五絕卒章戲簡及之主薄

其一

暮年藥裹關身切〔1〕，此外翛然百不貪〔2〕。薏苡載來緣下氣〔3〕，檳榔收得為祛痰〔4〕。

〔校注〕

〔1〕藥裹：藥包；藥囊。唐王維《酬黎居士淅川作》詩：「松龕藏藥裹，石唇安茶臼。」

〔2〕翛然：無拘無束貌；超脫貌。《莊子·大宗師》：「翛然而往，翛然而來而已矣。」

〔3〕薏苡：植物名。一年生或多年生草本植物，莖直立，葉線狀披針形，穎果卵形，淡褐色。子粒（薏苡仁）含澱粉。供食用、釀酒，並入藥。莖葉可作造紙原料。《後漢書·馬援傳》：「初，援在交址，常餌薏苡實，用能輕身省欲，以勝瘴氣。」下氣：氣由穀道泄出，俗稱放屁，中醫謂之下氣。《醫宗金鑒·雜病心法要訣·諸氣辯證》：「上氣氣逆蘇子降，下氣氣陷補中宣。」注：「下氣為清氣下陷……然清氣下陷，下氣不甚臭穢，惟傷食下氣，其臭甚穢。」

〔4〕檳榔：指檳榔樹的果實。可供藥用，有消食、驅蟲等功效。《南史·劉穆之
　　　傳》：「（穆之）食畢求檳榔。」祛痰：中醫術語。幫助排痰或消除生痰病因
　　　的方法。分為化痰、消痰、滌痰三類。其中以化痰法為常用。

其二

錦文縷切勸加餐〔1〕，蜃炭扶留共一柈〔2〕，食罷有時求不得，英雄
邂逅亦飢寒。

〔校注〕

〔1〕錦文：織錦。《禮記·王制》：「錦文、珠玉成器不粥於市。」縷切：細切。《文
　　　選·潘岳〈西征賦〉》：「饔人縷切，鸞刀若飛。」加餐：慰勸之辭。謂多進飲
　　　食，保重身體。《後漢書·桓榮傳》：「願君慎疾加餐，重愛玉體。」

〔2〕蜃炭：即蜃灰。一說，蜃灰與木炭。《周禮·秋官·赤犮氏》：「掌除牆屋，
　　　以蜃炭攻之。」扶留：植物名。藤屬。葉可用與檳榔並食。實如桑椹而長，
　　　名蒟，可為醬。《文選·左思〈吳都賦〉》：「石帆水松，東風扶留。」柈：同
　　　「盤」。

其三

向來試吏著南冠〔1〕，馬甲蠔山得飫餐〔2〕。卻藉芳辛來解穢〔3〕，雞
心磊落看堆柈〔4〕。

〔校注〕

〔1〕試吏：出任官吏。《漢書·高帝紀上》：「及壯，試吏，為泗上亭長，廷中吏無
　　　所不狎侮。」顏師古注引應劭曰：「試用補吏。」南冠：借指南方人。化用鐘
　　　儀典。北周庾信《率爾成詠》：「南冠今別楚，荊玉遂遊秦。」

〔2〕馬甲：干貝。江珧肉柱。宋周必大《周愚卿江西美劉棠仲同賦江珧詩牽強奉答》：
　　　「珠剖蚌胎那畏鷸，柱呈馬甲更名珧。」蠔山：指簇聚而生的蠔。蠔附石而生，
　　　相黏如山，故稱蠔山。明李時珍《本草綱目·介二·牡蠣》〔集解〕引蘇頌曰：
　　　「初生止如拳石，四面漸長，至一二丈者，嶄岩如山，俗呼蠔山。」飫餐：飽
　　　食。《宣和遺事》前集：「日得一飫餐，又獲襯施錢三百。」

〔3〕解穢：解除穢惡。亦指除去穢氣。唐南卓《羯鼓錄》：「上性俊邁，酷不好琴，
　　　曾聽彈琴，正弄未及畢，叱琴者出曰：『待詔出去！』謂內官曰：『速詔花奴，
　　　將羯鼓來，為我解穢！』」

〔4〕雞心：棗子的一個品種。南朝梁簡文帝《賦棗》詩：「風搖羊角樹，日映雞心
　　　枝。」磊落：明亮貌；錯落分明貌。唐杜甫《發秦州》詩：「磊落星月高，蒼
　　　茫雲霧浮。」

其四

個中有味要君參，螫吻舂喉久不甘〔1〕。珍重人心亦如此，莫將寒苦
換春酣〔2〕。

〔校注〕

〔1〕螫：有毒腺的蟲子刺人。舂：同「衝」，衝擊。

〔2〕寒苦：嚴寒艱苦。《史記‧匈奴列傳》：「單于即不能，即南面而臣於漢。何徒
　　　遠走，亡匿於幕北寒苦無水草之地，毋為也。」

其五

高士沉迷薄領書〔1〕，有時紅糝綴玄須〔2〕。定知不著金桝貯，兒女
心情本自無。〔3〕

〔校注〕

〔1〕高士：志行高潔之士。《墨子‧兼愛下》：「吾聞為高士於天下者，必為其友之
　　　身，若為其身，為其友之親，若為其親，然後可以為高士於天下。」薄領書：
　　　謂官府記事的簿冊或文書。《後漢書‧南匈奴傳》：「當決輕重，口白單于，無
　　　文書簿領焉。」

〔2〕紅糝：指紅色散粒狀之物。唐韓愈《送無本師歸范陽》詩：「始見洛陽春，桃
　　　枝綴紅糝。」

〔3〕自注：「劉穆之初仕為主簿。」即標題中「及之主簿」。

分水鋪壁間讀趙仲縝留題二十字戲續其後〔1〕

水流無彼此，地勢有西東。若識分時異，方知合處同。〔2〕

〔校注〕

〔1〕分水鋪：在福建崇安與江西鉛山交界的分水嶺上。趙仲縝：建寧府建安人。與
　　　韓元吉、朱熹交往甚密，淳熙二年春正月赴臨安，過五夫訪朱熹，朱熹作詩《送
　　　仲縝對策南宮》贈之。同年底歸，在靠近梅仙山處築梅川溪堂，韓元吉與朱熹
　　　分別作《趙仲縝梅川溪堂》《寄題梅川溪堂》。後來朱熹自鵝湖之會歸來路過分

水關，作《分水鋪壁間讀趙仲縝留題二十字戲續其後》詩。韓元吉有《上巳日王仲宗趙德溫見過因招趙仲縝任卿小集》。

〔2〕「若識」兩句：意思是說，水的支流雖異，但其源還是相同的。比喻學術上許多問題的爭論，可以求同存異。

舟中見新月伯崇擇之二友皆已醉臥以此戲之〔1〕

舟中見新月，煙浪不勝寒。與問醉眠客，豈知行路難。殘陽猶水面，孤鴈更雲端。篷底今宵意，天邊芳蕨闌。

〔校注〕

〔1〕伯崇：李昌齡，字伯崇，眉州眉山縣（今屬四川）人。淳熙間進士。曾為《太上感應篇》作注（三十卷），盛行於世，又纂集佛書地獄受苦事為《七趨受生錄》，已佚。《四庫全書總目提要》云：「昌齡始末未詳，書中引胡仔《苕溪漁隱叢話》及葉夢得《岩下放言》，蓋紹興後人。」　擇之：林用中（？～1196稍後），字擇之，號草堂，又號東屏，福州古田（今屬福建）人。始從林光朝學，與蔡元定齊名，後從朱熹遊，石䂞宰尤溪延掌學政，今朱熹本集中有若干致其書信論學，事見《閩中理學淵源考》卷十七、《宋元學案補遺》卷六十九小傳，參《朱子門人》（P97）。案：張栻有《齊山石壁間見林擇之題字緬懷其人賦此》：「平生子林子，一別今幾春……自子來江東，相去亦已邇。謂當復相逢，跂首日望子。云何競差池，又此隔千里。」

劉德明彥集祝弟以夏雲多奇峰為韻賦詩戲成五絕〔1〕

其一

出山幾何時，歸來便長夏。端居心不怡〔2〕，散策長林下〔3〕。

其二

為客厭城市，還家辭世紛。朝昏何所見，但有四山雲。

其三

閉門事幽討，歲月忽已多。客來無可問，與君共絃歌〔4〕。

其四

干時本已懶〔5〕，胸次況亡奇。若問中林趣，婆娑秖自知〔6〕。

其五

炎蒸不可奈〔7〕，雲氣滿前峰。向夕風吹盡，微聞遠寺鐘。

〔校注〕

〔1〕彥集：即劉子翔，朱熹妹夫。熹妹朱心（1139～1181），嫺雅端莊，紹興三十年嫁給崇安五夫劉子翔為妻。淳熙八年二月初病卒，朱熹作《祭劉氏妹文》《墓誌銘》。朱熹詩歌中提到妹夫的作品有《陪彥集充父遊瑞岩》《同廖子晦劉淳叟方伯休劉彥集登天湖下飲泉石軒分韻得清字》等。

〔2〕端居：謂平常居處。孟浩然《臨洞庭贈張丞相》詩：「欲濟無舟楫，端居恥聖明。」

〔3〕散策：拄杖散步。杜甫《鄭典設自施州歸》詩：「北風吹瘴癘，羸老思散策。」宋楊萬里《乙酉社日偶題》詩：「也思散策郊行去，其奈緣溪路未乾。」長林：原指高大的樹林，喻隱逸者的居處。南朝宋范曄《樂遊應詔詩》：「探己謝丹黻，感事懷長林。」

〔4〕絃歌：依琴瑟而詠歌。蘇軾《和王勝雲》之二：「齋釀如澠漲綠波，公詩句句可絃歌。」

〔5〕干時：猶言治世；用世。《宋書·顏竣傳》：「竣自謂才足干時，恩舊莫比，當贊務居中，永執朝政。」《北史·房彥謙傳》：「設有正直之士，才堪干時，於己非宜，即加擯棄。」

〔6〕婆娑：逍遙；閒散自得。陸游《漁父》詩：「數十年來一短蓑，死期未到且婆娑。」

〔7〕炎蒸：亦作「炎烝」。暑熱薰蒸。北周庾信《奉和夏日應令》：「五月炎烝氣，三時刻漏長。」柳永《玉山枕》詞：「當是時，河朔飛觴，避炎蒸，想風流堪繼。」

圭父約為金斗之遊次韻獻疑聊發一笑〔1〕

幾日春風未破寒，遠峰晴露玉巉岏。不成蠟屐攜笻去，且復鉤窗拄頰觀。聞道追遊當作意，故應期日尚能寬。陰崖凍合無垂練，卻恐詩翁興易闌。

〔校注〕

〔1〕圭父（甫）：即劉玞，字圭父，紹興三十一年歲末劉玞到五夫與朱子會集。劉子翬與朱熹妹夫劉子翔是兄弟，而劉玞與朱子也是親戚。因為劉玞是劉子翬的

堂弟，「子弨公之子，他原榜名瑋郎，字韋父，因避孝宗御諱諟，更易之，年十四登重和元年戊戌進士，少子霏公四歲，知其學有淵源，常師事之，時人號為竹林二阮。……孝宗朝初為僉判，尋遷德化縣令，與當道不合，棄官去之，隱於家有園池亭榭之勝，以供嘯詠。非其人有欲睹其丰採而不得者」金斗：即金斗山，距浦城縣治四十餘里，海拔僅 418 米，但峰岩怪奇，草木清幽，西南俯臨南浦溪，山光水色，互相映襯。主要景點有一筆峰、仰獅峰、仙人床、仙人洞、望江臺、紅花石等。山上原有道觀名金斗觀。

雲谷合記事目效俳體戲作三詩寄季通〔1〕

其一

雲關須早築〔2〕，基趾要堅牢〔3〕。栽竹行教密，穿池岸欲高。乘春移菡萏〔4〕，帶雪覓蕭椮〔5〕。更向關門外，疏泉斬亂蒿。

其二

堂成今六載，上雨復旁風〔6〕。逐急添茅蓋〔7〕，連忙畢土功〔8〕。桂林何日秀，蘭徑幾時通。並築雙櫺子，東山接水筒〔9〕。

其三

莊舍宜先立，山楹卻漸營〔10〕。泉疏藥圃潤，堰起石池清。早印荒田契，仍標別戶名。想應頻檢校〔11〕，祇恐欠方兄〔12〕。

〔校注〕

〔1〕雲谷：山名。在福建省建陽縣西北七十里，接武夷山市界，朱熹曾築廬讀書於此。朱熹《雲谷記》：「雲谷在建陽縣西北七十里，蘆山之顛，處地最高，而群峰上蟠，中皋下踞，內寬外密，自為一區。」事目：摘要；事情的概況。宋馬永卿《元城語錄》卷中：「神宗謂金陵曰：『前日言章大無謂，司馬某豈有此事。』金陵請事目。神宗曰：『置之，讒言不足道也。』」季通：蔡元定（1135～1198），字季通，學者稱西山先生，建寧府建陽縣（今屬福建）人，蔡發之子。南宋著名理學家、律呂學家、堪輿學家，朱熹理學的主要創建者之一，被譽為「朱門領袖」、「閩學干城」。幼從其父學，及長，師事朱熹，熹視為講友，博涉群書，探究義理，一生不涉仕途，不干利祿，潛心著書立說。為學長於天文、地理、樂律、曆數、兵陣之說，精識博聞。著有《律呂新書》《西山公集》等。

〔2〕雲關：雲霧所籠罩的關隘。唐李白《遊泰山》詩之三：「平明登日觀，舉手開
　　　雲關。」

〔3〕基趾：亦作「基阯」「基址」。建築物的地基、基礎。唐元稹《古社》：「古社基
　　　址在，人散社不神。」

〔4〕菡萏：即荷花。《詩·陳風·澤陂》：「彼澤之陂，有蒲菡萏。」宋歐陽修《西
　　　湖戲作示同遊者》詩：「菡萏香清畫舸浮，使君寧復憶揚州。」

〔5〕自注：謂杉徑也。　　蕭槮（sēn）：草木茂盛聳立貌。

〔6〕上雨：及時雨。《公羊傳·僖公三年》：「六月，雨。其言六月雨何？上雨而不
　　　甚也。」旁風：側面颱風。亦指側面的風。唐韓愈《南海神廟碑》：「故明宮齋
　　　廬，上雨旁風，無所蓋障。」

〔7〕逐急：緊急。宋岳飛《申安撫司乞兵馬糧食狀》：「據探報金人見圍楚州，飛遂
　　　逐急權差統制王貴，管押兵馬等船濟渡。」

〔8〕自注：謂柱下貼磚。　　土功：指治水、築城、建造宮殿等工程。《呂氏春秋·
　　　季夏》：「不可以興土功，不可以合諸侯，不可以起兵動眾，無舉大事。」高誘
　　　注：「土功，築臺穿池。」

〔9〕水筒：引水的竹筒。唐杜甫《信行遠修水筒》詩：「雲端水筒坼，林表山石碎。」
　　　明徐光啟《農政全書》卷十八：「或遇天旱，旋於大輪一周，列置水筒，晝夜
　　　溉田數頃。」

〔10〕山楹（yíng）：指山中房屋。南朝宋鮑照《登廬山》詩：「懸裝亂水區，薄旅次
　　　山楹。」

〔11〕檢校：查核察看。宋辛棄疾《沁園春·靈山齊庵賦時築偃湖未成》詞：「老合
　　　投閒，天教多事，檢校長身十萬松。」

〔12〕方兄：「孔方兄」之省稱。錢的謔稱，舊時銅錢外圓，中有方孔，故名。宋楊
　　　萬里《食鷗鴣》詩：「方兄百輩買一隻，可惜羽衣錦狼藉。」

入南康界閱圖經感陶公李渤劉凝之事戲作〔1〕

　　　長官定笑歸來晚，中允應嫌去卻回〔2〕。惟有山人莫相笑，也曾還俗
做官來。

〔校注〕

〔1〕李渤（772～831），字濬之，洛陽人。唐貞元年間（785～805），李渤與其兄李
　　　涉負笈遠遊，來到廬山棲賢寺讀書，後成為「七賢」之一。唐穆宗即位，召為

考功員外郎。元和十五年（820）十一月，定京考官，他不避權倖，曾上書言
宰臣蕭俛等平庸誤國。其性情粗放，為權臣所顧忌。後出任虔州刺史，長慶元
年（821），調任江州刺史。卒年59歲。　　　劉凝之（999～1080），名渙，高
安縣（今高安市）人，與歐陽修同為天聖八年（1030）進士，曾任屯田員外郎，
後又任潁上令。因壯節剛直，不善逢迎上司，皇祐三年（1051），辭官歸隱廬
山之南星子縣城（南康軍治）。歐陽修作《廬山高送劉凝之之南康》一詩以送
行。當時朝廷多人相送。

〔2〕中允：官名。唐代置。此後歷代皆置。東宮屬官，佐左庶子掌侍從贊相、駁正
　　啟奏之事。《舊唐書・職官志三》：「東宮官屬：……中允2人（正五品下）。左
　　庶子掌侍從贊相，駁正啟奏。中允為之貳。」

暇日侍法曹叔父陪諸名勝為落星之遊分韻得往字率爾賦呈聊發一笑

長江西委輸，匯澤東滉瀁〔1〕。中川屹孤嶼，佛屋寄幽賞。我來此何
日，秋氣欲蕭爽。共載得高儔，良晨豈孤往。酒酣清嘯發，浪湧初月上。
迭鼓喚歸艎，陳跡真俯仰。

〔校注〕
〔1〕委輸：匯聚，注聚。匯澤：《尚書・禹貢》有「蟠冢導漾，東流為漢，……東
　　匯澤為彭蠡」之說。滉瀁：水深廣貌。

臥龍之遊得秋字賦詩紀事呈同遊諸名勝聊發一笑

躡石度急澗，窮源得靈湫〔1〕。嵰邪兩對立〔2〕，噴薄中怒投。何年
避人世，結屋棲岩陬。嘉名信有託，故跡誰能求。我來一經行，淒其仰
前修〔3〕。鄰翁識此意，伐木南山幽。為我立精舍，開軒俯清流。多岐
諒匪安，一壑真良謀〔4〕。解組云未遂〔5〕，驅車且來遊。嘉賓頗蟬聯，
野蔌更獻酬。飲罷不知晚，欲去還淹留。躋攀已別峰，窺臨忽滄洲〔6〕。
下集西澗底，沉吟樹相樛〔7〕。玉淵茗飲餘，三峽空尊愁。懷賢既伊鬱
〔8〕，感事增綢繆。前旌向城郭，回首千峰秋。

〔校注〕
〔1〕靈湫：深潭，大水池。古時以為大池中往往多靈物，故名。唐王度《古鏡記》：
　　「此靈湫耳，村閭每八節祭之，以祈福祐。」

〔2〕谺谽（hānxiā）：山石險峻貌。唐獨孤及《招北客文》：「其北則有劍山巉巉
（chán），天鑿之門，二壁谺谽，高岸嶙峋。」

〔3〕淒其：淒涼悲傷。謝靈運《初發石首城》：「欽聖若旦暮，懷賢亦淒其。」

〔4〕「多岐」二句：言終不安於仕宦，退隱方是歸宿。多岐：用《列子·說符》「多
岐亡羊」之典，喻迷失方向，誤入岐途。

〔5〕解組：解下印綬，指辭官。《梁書·謝朓傳》：「雖解組昌運，實避昏時。」

〔6〕滄洲：水濱。阮籍《為鄭沖勸晉王箋》：「然後臨滄洲而謝支伯，登箕山以揖許
由。」

〔7〕相樛：亦作「相摎」「相繆」。相互纏結；糾纏在一起。杜甫《乾元中寓居同
谷縣作歌》之六：「南有龍兮在山湫，古木巃嵸枝相樛。」韓愈《別知賦》：
「山磝磝其相軋，樹翳翳其相摎。」蘇軾《卻鼠刀銘》：「文如連環，上下相
繆。」

〔8〕伊鬱：憂憤鬱結。抑鬱。《文選·何晏〈景福殿賦〉》：「感乎溽暑之伊鬱。」呂
向注：「溽暑伊鬱，氣不通也。……伊鬱，不通而憂乎。」

元范別後寄惠佳篇清叟次韻見示格律俱高詠歎不置因亦用韻寫呈二兄聊發一笑〔1〕

其一

故人別我去，一月曠音驛。今朝得新詩，開卷意已適。知君到里門，
征騎聊一息。行復敞天閣〔2〕，從容正朝幘〔3〕。自今九霄路，不復兩塵
隔。容與日華東〔4〕，翱翔禁扉北。回頭五峰下，寂漠笑孤客。不賦歸
去來，心形謾相役。〔5〕

〔校注〕

〔1〕自注：淳熙七年。

〔2〕天閣：帝王宮殿之門。唐蔣防《藩臣戀魏闕》：「恩波懷魏闕，獻納望天閣。」

〔3〕朝幘：上朝所用的禮帽。陸游《春日》：「久拋朝幘懶重彈，華髮蕭然二寸冠。」

〔4〕日華：唐代宮門名。杜甫《奉答岑參補闕見贈》：「窈窕清禁闥，罷朝歸不同。
君隨丞相後，我徑日華東。」仇兆鰲注：「《唐六典》：宣政殿前有兩廡，兩廡
各有門，其東曰日華。日華之東則門下省也。」

〔5〕自注：右呈元範。　　心形：身心。相役：言為俗務所役使。

其二

五十行過二，雙鬢颯秋草。平生素心人〔1〕，誰與共茲抱。今年盧山下，得子恨不早。歲月幸同庚，詩書復同道。惟應山南北，雲母夜堪搗〔2〕。獨生有先期，回崖詎難到〔3〕。丹經不我誑，白髮須一掃〔4〕。看公鬚眉蒼，杖鉞督征討。〔5〕

〔校注〕

〔1〕素心人：心地純潔、世情淡泊的人。

〔2〕雲母：礦石名，玻璃光澤，半透明。也喻指白色美石。《淮南子・墜形訓》：「磁石上飛，雲母來水。」五代齊己《再遊匡山》：「徑危雲母滑，崖旱瀑流乾。」夜堪搗：堪作夜晚捶洗衣服之石。古時人家常於夜晚於石上捶洗衣服，李白《子夜吳歌》之三：「長安一片月，萬戶搗衣聲。」以上二句猶言盧山之中可以安居樂業。

〔3〕回崖：曲折的山崖。唐李紳《山出雲》：「回崖時掩鶴，曲澗或隨人。」

〔4〕「丹經」二句：言隱居山中之後，養生延年，若道家丹書之言不假，將白髮轉青。

〔5〕自注：右呈清叟。　　清叟：張揚卿，字清叟，溫州永嘉人。登進士第，授從政郎，為南康軍學教授。從朱熹遊，淳熙八年初就教於濂溪書堂。同年閏三月，與朱熹等人同遊尋真觀。同年四月三日與劉清之、王阮等陪同朱熹遊山。杖鉞：手執斧鉞。表示威權。

奉答張彥輔戲贈之句〔1〕

已驅送客車，復著登山屐〔2〕。未論窺臨快，且脫詩酒厄〔3〕。從今謹出入，保此頤正吉〔4〕。不奈歲寒心，於公有深憶。〔5〕

〔校注〕

〔1〕自注：「淳熙七年。」按：此首與上首《全宋詩》本無注。　　張彥輔：即張棟，字彥輔，張栻之弟，張浚之季子，漢州綿竹人。紹興三十年正月，接韓元吉建安知縣任。紹興三十二年，與到建安訪李侗父子的朱熹等人遊凌風閣。隆興二年八月召赴行在。乾道五年，為舒州郡守，將民獻，駢生二首之龜縱之灊山。乾道六七年為荊襄帥臣、權知襄陽府。淳熙七年（1180）前為京西南路轉運判官，正月詔入朝為秘閣，二月從九江來南康軍訪朱熹，熹與之多有次韻唱和之作。

〔2〕登山屐：又稱「謝公屐」一種前後齒可裝卸的木屐。南朝宋詩人謝靈運遊山時
　　　常穿的一種有齒的木屐。李白《夢遊天姥吟留別》：「腳著謝公屐，身登青雲梯。」

〔3〕厄：困窘。《孔子家語・在厄》：「孔子厄於陳蔡，從者七日不食。」此句謙詞，
　　　言詩既難追張棟之高韻，酒也難招架棟之豪飲。

〔4〕自注：王輔嗣注《頤卦・大象》云：「禍從口出，病從口入。」　　王輔嗣：
　　　三國魏王弼。大象：即《易》之《象傳》上下篇，《易》傳之一，以卦象為據
　　　以釋卦辭。《易・乾卦》：「象曰：『天行健，君子以自強不息。』」孔穎達疏：
　　　「此大象也，十翼中第三翼，總象一卦，故謂之大象。」「出」指「禍從口出」，
　　　「入」指「病從口入」。先言遠禍，後言養生。頤正吉：《易・頤卦》：「頤，貞
　　　吉。觀頤，自求口實。」朱熹本義：「觀頤，謂觀其所養之道；自求口實，謂
　　　觀其所以養身之術，皆得正，則吉也。」「頤」是《周易》中六十四卦中第二
　　　十七卦。研究頤養之道。君子觀此卦象，思生養之不易，從而謹慎言語，避免
　　　災禍。節制飲食，修身養性。

〔5〕歲寒心：喻堅貞不屈的節操。張九齡《感遇》詩之七：「豈伊地氣暖？自有歲
　　　寒心。」

奉答張彥輔解嘲〔1〕

　　　康俗遺居萬迭山，高垂鐵鎖詎容攀。青鞋布襪非公事，古木寒泉要
我閒〔2〕。

〔校注〕
〔1〕自注：淳熙七年。《全宋詩》本無注。
〔2〕寒，淳熙本作「雲」。

戲贈勝私老友〔1〕

　　　槐花黃盡不關渠〔2〕，老向功名意自疏。乞得山田三百畝，青燈徹夜
課農書。〔3〕

〔校注〕
〔1〕勝私：陳克己，字勝私。此詩末自注：「勝私先侍講嘗著《農書》三卷。」即
　　　陳勝私之父著《農書》三卷。今考《朱文公文集》卷九《詩送碧崖甘叔懷遊廬
　　　阜（三首）》跋文稱：「有陳勝私在九疊屏下田舍」云云，則知其人陳姓。時隱

居廬山農耕。其父北宋末或南宋初曾官「侍講」。檢點校本《朱熹集》人名索
引，此人乃陳克己。核束景南《朱熹年譜長編》卷上略同，並注出陳克己字勝
私的史料依據，皆是。但有注者未注意朱子詩注中「先侍講」三字，誤斷為「勝
私」又名「勝私先」。樓鑰（1137～1213）《攻媿集》卷六十二《回陳勝私先輩
（屺）啟》亦云：「父書素讀，天分更高。」「古事今事，問無不知；儒家道家，
應皆如響。」可見其為飽學之士，年齡比樓鑰略大，又稱其人乃陳秀公（升之）
裔孫而侍講之子。其父侍講與樓鑰仲舅30餘年前為交遊，而與樓鑰則失之交
臂，緣慳一面。今幸與其哲嗣勝私定交，兩人也堪稱世交，故以「先輩」稱之。
顯然，樓鑰文中的陳勝私與朱熹詩文中所及乃同一人無疑。但令人費解的是其
名卻為陳屺，當然古書豎寫，有可能「屺」乃「克己」兩字之形近而訛；另一
種可能是其原名克己，後改名為屺。因書闕有間，已難確考。關鍵在於其父「先
侍講」之名，雖兩宋之際陳姓為侍講者有十餘人之多，但卻無一可確證為勝私
之父。樓鑰稱勝私乃陳升之（1011～1079）裔孫，今考升之有二子：閎、閌，
則此侍講應為閎、閌之子孫，其生活的年代似應在南宋初。

〔2〕槐花黃盡：喻指科舉考試完畢。元馬致遠《黃粱夢》第一折：「策蹇上長安，
　　日夕無休歇；但見槐花黃，如何不心急？」

〔3〕自注：勝私先侍講嘗著《農書》三卷。　　青燈：光線青熒的油燈。借指孤寂、
　　清苦的生活。韋應物《寺居獨夜寄崔主簿》詩：「坐使青燈曉，還傷夏衣薄。」
　　陸游《秋夜讀書每以二鼓盡為節》詩：「白髮無情侵老境，青燈有味似兒時。」
　　課，閱讀。《農書》，指介紹和論述農事、農業生產知識技能方面內容的書籍。

代勝私下一轉語

　　碓下泉鳴溜決渠，屋頭桑樹綠扶疏〔1〕。朱虛正自知田事〔2〕，馬服
何妨讀父書〔3〕。

〔校注〕

〔1〕扶疏：陶淵明詩：「孟夏草木長，繞屋樹扶疏。」

〔2〕朱虛：《史記》：朱虛侯劉章忿諸呂擅漢。嘗入侍高皇后（呂氏），因燕飲，為
　　高后言田事，曰：深耕溉種，立廟欲疏：「非其種者鋤而去之。」

〔3〕馬服：戰國時趙奢賢能，平原君舉為趙惠文王治國賦。秦伐韓，奢將趙兵救之，
　　大破秦軍。趙王賜趙地，即今河北省邯鄲市西北，封趙奢為馬服君。後以「馬
　　服」指趙奢。奢子括少學兵法，誇言兵事，自謂天下莫能敵。奢嘗曰：「破敗

趙軍者必括。」後秦趙構釁，趙以括代廉頗將。括悉更約束，易置軍吏。秦將白起縱奇兵，大破趙軍，射殺括，盡坑趙降卒。《史記・趙奢傳》：「藺相如曰：『王以（虛）名使括，若膠柱而鼓瑟耳。括徒能讀其父書傳，不知合變也。』」趙括熟讀兵書而作戰敗滅。勝私父所著為農書，故晦庵云無妨。又括讀書拘泥而不能合變，非父書為誤。「不知合變」正坐於不善於讀書也。

黎嶺西南水石佳處不減廬阜戲呈子厚〔1〕

谷深石瘦水潺潺，便是楞伽折桂間〔2〕。珍重下邳圯上客〔3〕，一年幾度到廬山。

〔校注〕

〔1〕淳熙八年作。黎嶺：在五夫里，為建寧之望山。本篇見故鄉山水而思廬山，盼友人黃銖勤歸五夫舊居。黃銖（1131～1199），字子厚，號穀城，崇安（今屬福建）人（《遊宦紀聞》卷八作富沙浦城人）。從劉子翬學，隱居不仕。其文學太史公，其詩學屈、宋、曹、劉及韋應物，深得朱熹讚賞。又善彈琴，書法精妙。中年不得志於科舉，遂杜門讀書，終生不仕。晚年因管理社倉有誤，負貪污之嫌，憂鬱而死。又與朱熹為同門友，相交早且厚，居又卜鄰。其亡，熹撰文以祭（《朱文公文集》卷八七）。著有《穀城集》五卷。朱熹、真德秀為序（分別見《朱文公文集》卷七六、《真文忠公文集》卷二八），已佚。詞存三首，見黃昇《中興以來絕妙詞選》卷四。

〔2〕楞伽：亦作「楞迦」。山名。梵文音譯。在古師子國（今斯里蘭卡）境。相傳佛在此山說經。此指黎嶺。宋王安石《化城閣》詩：「楞伽海中山，杳出霄漢上。」折桂：《晉書・郤詵傳》：「武帝於東堂會送，問詵曰：『卿自以為何如？』詵對曰：『臣舉賢良對策，為天下第一，猶桂林之一枝，崑山之片玉。』」後因以「折桂」謂科舉及第。唐杜甫《同豆盧峰知字韻》：「夢蘭他日應，折桂早年知。」

〔3〕下邳：秦縣名。故地在今江蘇省宿遷或睢寧縣。圯：橋。「下邳圯上客」，原指秦時隱士黃石公，此取其姓黃隱士之義而代指黃銖。《史記・留侯世家》載：張良嘗從容步遊下邳圯上，遇一老父，受《太公兵法》。後因以「圯上」指張良受《太公兵法》事。蘇軾《張競辰永康所居萬卷堂》詩：「留侯之孫書滿腹，玉函寶方何用讀。濠梁空復五車多，圯上從來一篇足。」張孝祥《水調歌頭・為總得居士壽》詞：「隆中三顧客，圯上一編書。」

伏承侍郎使君垂示所與少傅國公唱酬西湖佳句謹次高韻聊發一笑〔1〕

其一

百年地闢有奇功，創見猶驚鶴髮翁〔2〕。共喜安車迎國老〔3〕，更傳佳句走郵童。閒來且看潮頭入，樂事寧憂酒盞空。會見臺星與卿月〔4〕，交光齊照廣寒宮。

〔校注〕

〔1〕淳熙十年作。侍郎使君：指趙汝愚。時汝愚由吏部侍郎出知福州。少傅國公：指陳俊卿。俊卿以少傅、福國公致仕。西湖指福州之西湖。本篇頌陳俊卿之德，兼美趙汝愚將大用。

〔2〕創見：首見，初見。司馬相如《封禪文》：「休烈浹洽，符瑞眾變，期應紹至，不特創見。」此句當指陳俊卿身為重臣，急流勇退，連章告老事。

〔3〕安車：古代一種可以坐乘的小車，高官告老還鄉或徵召德高望重者往往賜乘。《漢書・張禹傳》：「為相六歲，鴻嘉元年以老病乞骸骨，上加優再三乃聽許。賜安車駟馬，黃金百斤，罷就第。」國老：德高望重，告老退職的國家重臣。李清照《浯溪中興頌詩和張文潛》：「不知負國有奸雄，但說成功尊國老。」

〔4〕臺星：三臺星，喻宰輔大臣。《晉書天文志上》：「三臺六星，兩兩而居，起文昌，列抵太微。一曰天柱，三臺之位也。在人曰三公，在天曰三臺，主開德宣符也。」卿月：指高級官吏。語出《尚書・洪範》：「王省惟歲，卿士惟月，師尹惟日。」孔穎達疏：「卿士分居列位，惟如月也。」

其二

越王城下水融融〔1〕，此樂從今與眾同。滿眼芰荷方永日，轉頭禾黍便西風。湖光盡處天容闊，潮信來時海氣通。酬唱不誇風物好，一心憂國願年豐。

〔校注〕

〔1〕越王城：指臨安。以其為春秋越國地，故稱。此指福州。

三月晦日與諸兄為真率之約徘徊石馬晚集保福偶成短句奉呈聊發一笑〔1〕

春服明朝換，晴川漲綠陰。追隨皆勝侶，邂逅即初心。社跡莓苔古

〔2〕，禪扉竹樹深。移尊真惜日〔3〕，畢景共披襟。儉德遵賢範，哇詞愧雅音。清和應更好，逸想寄雲岑。〔4〕

〔校注〕

〔1〕淳熙中作。真率之約，即約為真率之會。此俗始於東晉，原為拜官者例設宴以待賓客，提倡隨其有無以為豐儉，貴在情真。後以稱親朋間簡樸酒會。司馬光、范純仁皆嘗為之，詩中「儉德遵賢範」指其事。保福：即保福寺，在五夫里，五代梁貞明中建。

〔2〕社跡：社稷壇的遺跡，指石馬。莓苔：青苔。晉孫綽《遊天台山賦》：「踐莓苔之滑石，搏壁立之翠屏。」

〔3〕真惜，四庫本作「應竟」。

〔4〕自注：「是日約後會為仙洲之遊。」

淳熙甲辰中春精舍閒居戲作武夷棹歌十首呈諸同遊相與一笑〔1〕

其一

武夷山上有仙靈，山下寒流曲曲清。欲識個中奇絕處，棹歌閒聽兩三聲。

其二

一曲溪邊上釣船，幔亭峰影蘸晴川〔2〕。虹橋一斷無消息，萬壑千岩鎖翠煙〔3〕。

其三

二曲亭亭玉女峰，插花臨水為誰容〔4〕。道人不復荒臺夢，興入前山翠幾重〔5〕。

其四

三曲君看架壑船〔6〕，不知停棹幾何年。桑田海水今如許，泡沫風燈敢自憐〔7〕。

其五

四曲東西兩石岩，岩花垂露碧㲋毿〔8〕。金雞叫罷無人見〔9〕，月滿空山水滿潭。

其六

五曲山高雲氣深，長時煙雨暗平林。林間有客無人識〔10〕，欸乃聲中萬古心〔11〕。

其七

六曲蒼屏繞碧灣〔12〕，茅茨終日掩柴關。客來倚棹岩花落，猿鳥不驚春意閒。

其八

七曲移船上碧灘，隱屏仙掌更回看〔13〕。人言此處無佳景，只有石堂空翠寒〔14〕。

其九

八曲風煙勢欲開，鼓樓岩下水縈洄〔15〕。莫言此處無佳景，自是遊人不上來。

其一〇

九曲將窮眼豁然，桑麻雨露見平川。漁郎更覓桃源路，除是人間別有天〔16〕。

〔校注〕

〔1〕淳熙十一年（1184）二月，朱子與士友學子游武夷山戲作此組詩。

〔2〕「一曲」二句：自山前溯流而上，晴川一帶為一曲。武夷山上有幔亭峰勝境，幔亭峰屹立溪岸，山峰如筆，晴川如硯，峰影倒映，似筆蘸硯。

〔3〕「虹橋」句：幔亭峰以仙跡著稱，據宋人祝穆《武夷山記》載，秦始皇二年，武夷君在幔亭峰頂設宴招待鄉人，於空中架虹橋，接引二千餘人上山。宴罷，鄉人辭別下山，忽然風雨驟至，虹橋飛斷，回視山頂，岑寂如初。

〔4〕「二曲」句：自晴川溯流而上，為二曲。夾岸諸峰聳峙，其間玉女峰石色紅潤，亭亭玉立，尤令人矚目。容：打扮。

〔5〕荒，原作「陽」，據宋本、成化本、四庫本改。　　「道人」二句：據宋玉《高唐賦》，楚王遊高唐，夢見神女，神女自言居巫山之陽，旦為朝雲，暮為行雨，朝朝暮暮，陽臺之下。在巫山望霞峰峰頂，兀立著一個人形般石柱，宛若少女，亭亭玉立，一直被人視為神女的化身，故又名神女峰。玉女峰秀出溪邊，其狀與巫峽神女峰相似。後人遊武夷九曲，見玉女峰也常懷朝雲暮雨之念。而這兩

句卻說不暇作此緬想，因眼前風景迷人，作者遊興正濃，思緒早已飛入前面翠巒之中。

〔6〕「三曲」句：三曲有小藏峰，又名仙船岩，峭壁千尋，東壁山罅間，有二艘木船架於橫木之上，半藏罅內，半懸空中，謂之「架壑船」。朱熹《武夷圖序》：「清溪九曲，流出其間。兩崖絕壁人跡所不到之處，往往有枯查插石罅間，以庋舟船棺柩之屬。」

〔7〕「滄海」二句：桑田海水：晉葛洪《神仙傳・麻姑》：「麻姑自說云：『接侍以來，已見東海三為桑田，向到蓬萊水淺，淺於往者會時略半也，豈將復還為陵陸乎！』」後因以「桑田滄海」喻世事的巨大變遷。　泡沫風燈：《藝文類聚》卷七八徐陵《徐則法師碑》：「假矣生民，何其夭脆。譬彼風雷，同諸泡沫。」蘇軾《孫莘老求墨妙亭詩》：「後來視今猶視昔，過眼百世如風燈。」均用以喻人生短促。

〔8〕「四曲」二句：指四曲東岸的大藏峰和與之隔岸對峙的仙釣臺。鬖髿（lán sān）：毛羽散垂貌。

〔9〕金雞：傳說中的神雞。《神異經・東荒經》：「蓋扶桑山有玉雞，玉雞鳴則金雞鳴，金雞鳴則石雞鳴，石雞鳴則天下之雞悉鳴。」四曲大藏峰壁下有穴，相傳古有雞鳴，故名「金雞洞」。

〔10〕有客：朱熹自稱。武夷精舍即築於五曲平林洲上。

〔11〕欸乃：行船搖櫓聲。

〔12〕「六曲」句：從蒼屏峰前轉折東流，便是六曲。

〔13〕「七曲」二句：自六曲上溯，至獺控灘，是為七曲。隱屏、仙掌：俱峰名。

〔14〕原校：此詩後二句，一本作「卻憐昨夜峰頭雨，添得飛泉幾道寒」。

〔15〕勢，《方輿勝覽》卷一一作「翠」。　鼓樓岩：在八曲溪畔。登臨岩上，可以飽瞰八曲風光，有「仙家樓臺」之稱。

〔16〕「漁郎」二句：陶潛在《桃花源記》中虛構了一個與世隔絕的樂土，其地人人豐衣足食。後因稱這種理想境界為世外桃源。這二句說桃源即在眼前，無需他求。桃源路：通往理想境界之路。孟浩然《高陽池送朱二》詩：「殷勤為訪桃源路，予亦歸來松子家。」

劉子澄遠寄羊裘且有懷仁輔義之語戲成兩絕為謝以發千里一笑〔1〕

其一

短棹長蓑九曲灘，晚來閒弄釣魚竿。幾回欲過前灣去，卻怕斜風特地寒。

其二

誰把羊裘與醉披〔2〕，故人心事不相違。狂奴今夜知何處〔3〕，月冷風淒未肯歸。

〔校注〕

〔1〕劉子澄：劉清之（1134～1190），字子澄，又名靜春先生，臨江（今江西樟樹西南）人。高宗紹興二十七年（1157 年）進士，擔任袁州宜春縣主簿，未上任，因父去世而回家服喪。服喪期滿後改任建德縣主簿。後通判鄂州，改衡州。光宗即位，知袁州。子澄從朱熹學，與張栻、周必大友善，多詩歌唱和。博通書傳。所著有《曾子內外雜篇》《墨莊總錄》《祭儀》《時令書》《續說苑》《衡州圖經》《農書》、文集等，已佚，僅《戒子通錄》八卷傳世。

〔2〕羊裘：指劉子澄遠寄而來的羊皮大衣。羊裘，《後漢書·逸民傳·嚴光》載：漢嚴光少有高名，與劉秀同遊學，後劉秀即帝位，光變名隱身，披羊裘釣澤中。後因以「羊裘」指隱者或隱居生活。

〔3〕狂奴：狂放不羈的人。此指劉氏。南朝梁武帝《答蕭琛》詩：「勿談興運初，且道狂奴異。」

觀林長仁書卷戲題問答

其一

猿去山空鶴亦飛，柴門空掩釣魚磯〔1〕。門前樹葉都黃了，何事幽人久不歸。

其二

為愛雲泉百尺飛，故將茅屋傍苔磯。幾年清夢黃塵裏，此日秋風一棹歸〔2〕。

〔校注〕

〔1〕釣魚磯：釣魚時坐的岩石，習慣簡稱「釣磯」。北周明帝《貽韋居士詩》：「坐石窺仙洞，乘槎下釣磯。」

〔2〕一棹：一槳。借指一舟。唐杜牧《送薛種遊湖南》詩：「憐君片雲意，一棹去瀟湘。」宋辛棄疾《洞仙歌·開南溪初成賦》詞：「十里漲春波，一棹歸來，只做個、五湖范蠡。」

承事卓丈置酒白雲山居飲餞致政儲丈叔通因出佳句諸公皆和熹輒亦繼韻聊發坐中一笑〔1〕

老去讀書秋樹根，山林兒女定誰尊。偶緣送客來僧寺〔2〕，卻似披雲臥石門。物外祇今成跌盪，人間何處不啾喧〔3〕。一杯且為陽關盡，雙目從教別淚昏〔4〕。

〔校注〕

〔1〕此題宋浙本作「白雲寺送儲柯伯升」，底本原注別本同。慶元三年作。承事：承事郎之簡稱，寄祿官名，由大理評事階改，正九品。卓丈：即卓伯玉。建寧府建陽考亭人。紹熙五年底，與從臨安罷歸考亭的老友朱熹遊集，有詩唱酬。本篇為儲用罷官送行時作，表現了作者對黨禁的憤恨與不滿。儲用：生卒年月不詳，字行之，南宋福建晉江縣人。淳熙間（1174～1185）進士。慶元二年（1196），任建陽知縣，有惠政，朱熹極稱讚他。慶元黨禁，理學被斥為「偽學」，朱熹罷官回到考亭。學案株連到儲用，朝廷頒下御批，將儲用降級，永遠不作地方官吏差遣。學禁解除，儲用升文華閣直學士，出任廣州知州。「儲柯伯升」即儲用父。即朱熹書中所云「奉親」者。蓋因儲用劾罷，朱熹避其事，而借送其父之名詠之也。

〔2〕寺，《考異》云一作「舍」。

〔3〕祇今成，《考異》云一作「情懷常」。何處不，《考異》云一作「脣嘴任」。「物外」二句：言已置身事外，放曠山水，任其政界世途之喧囂。跌盪：又作「跌宕」，放蕩不拘。《後漢書·孔融傳》：「又前與白衣禰衡跌盪放言。」李賢注：「跌盪，無儀檢也。」啾喧：喧囂。蘇軾《次韻子由柳湖感物》：「嘲吟草木調蠻獠，欲與猿鳥爭啾喧。」此指對黨人的攻擊迫害。

〔4〕此句《考異》云：一本作「兩眼那因小馬昏」。詩後自注：「東坡賦徐德占舊居有『一為兒女浼，始覺山林尊』之句。」　　陽關：古關名，在今甘肅敦煌市西南古董灘附近。王維《送元二使安西》：「勸君更盡一杯酒，西出陽關無故人。」此用其意。徐德占：名禧，分寧人。少有大志，以布衣獻治策二十四篇，為神宗賞識，驟被任用，與王安石、呂惠卿相左右。元豐五年城永樂，死於金人之手。浼：弄髒，此指負累，纏住。

聚星落成致政陳丈舉酒屬客出示新詩而仲卿朝瑞及劉范二兄相與繼作熹幸以卜鄰得陪勝集率爾次韻聊發一笑〔1〕

適親德範仰循循，遽喜名章肆筆成。剩說臺高今勝昔，極知星聚暗還明。當家翰藻爭春麗，上客詞源徹底清。更共鄰翁閒指點，千峰環合水無聲。

〔校注〕

〔1〕慶元六年（1200）作。聚星亭，在建陽考亭，北宋宰相里人陳升之建，以漢高士陳寔、荀淑父子十餘人大會，於時天象德星聚，太史奏五百里賢人聚之事名亭。朱熹以為此亭有助名教，積極參與陳家重修，並作《聚星亭畫屏贊並序》，大加宣揚。在黨禁的背景下，在作者去世前數月，這樣做是有深意的。本篇雖詠亭應酬，也見出作者堅信其道終將大明的信念。致政陳丈，即下篇之陳昭遠，仲卿、朝瑞為其二子，詩中「當家」是也。劉范，朱熹門人劉淮、范瑄，詩中「上客」是也。

奉題李彥中所藏俞侯墨戲〔1〕

不是胸中飽丘壑〔2〕，誰能筆下吐雲煙〔3〕。故應祇有王摩詰〔4〕，解寫《離騷》極目天。

〔校注〕

〔1〕李彥中，名未詳，時為建寧府推官。俞侯，未詳。墨戲，隨興而成的寫意畫。本篇反映了朱熹重視作品內容，強調心性修養與生活積累的藝術觀。

〔2〕丘壑：喻深遠的意境。宋黃庭堅《題子瞻枯木》詩：「胸中元自有丘壑，故作老木蟠風霜。」

〔3〕雲煙：比喻揮灑自如的墨蹟。唐杜甫《飲中八仙歌》：「張旭三杯草聖傳，脫帽露頂王公前，揮毫落紙如雲煙。」

〔4〕王摩詰：王維，字摩詰。

晦翁足疾得程道人針之而愈戲贈此詩〔1〕

十載扶行恃短筇，一針相值有奇功。出門放步人爭看，不是前來勃窣翁〔2〕。

〔校注〕

〔1〕慶元中作。程道人，未祥。朱熹腳病由來已久，淳熙初年即常發作。關于道人
以針灸治癒朱熹足疾之事，《鶴林玉露》乙編卷五「針熨道人」條云：「朱文公
有足疾，嘗有道人為施針術，旋覺輕安。公大喜，厚謝之，且贈以詩云……道
人得詩徑去。未數日，足疾大作，甚於未針時。亟令尋逐道人，已莫知所往矣。
公歎息曰：『某非欲罪之，但欲追索其詩，恐其持以誤他人爾。』」

〔2〕勃窣：匍匐而行；跛行。司馬相如《子虛賦》：「於是乃相與獠於蕙圃，媻珊勃
窣上金堤。」李善注引韋昭曰：「媻跚勃窣，匍匐上也。」

戲答楊廷秀問訊《離騷》之句二首〔1〕

其一

昔誦《離騷》夜扣舷，江湖滿地水浮天〔2〕。只今擁鼻寒窗底，爛卻
沙頭月一船〔3〕。

其二

春到寒汀百草生，馬蹄香動楚江聲。不甘強借三峰面，且為靈均作
杜蘅。〔4〕

〔校注〕

〔1〕慶元六年作。楊廷（《朱熹詩詞箋注》作「庭」）秀，名萬里（1127～1206）號
誠齋，江西吉水人。紹興二十四年進士，歷官中外，以文學名。宋光宗嘗為書
「誠齋」二字，《宋史》有傳。萬里與朱熹交厚，曾薦之於孝宗。黨事起，朱
熹列魁首，萬里不以為嫌，書信往來如常。朱熹作《楚辭集注》，萬里以二詩
跋之。其一云：「注易箋詩解魯論，一帆徑度浴沂天。無端又被湘累喚，去看
西川競渡船。」其二云：「霜後蔾枯無可羹，饑吟長聽候蟲聲。藏神上訴天應
泣，又賜紅蘺與杜蘅。」本篇答詩曲折地表現了風燭殘年的作者在黨禍中對「道
之不行」的痛心疾首及堅守晚節，「雖九死其猶未悔」的決心。

〔2〕滿，四庫本作「兩」。　　「昔誦」二句：形容昔日海闊憑魚躍，天高任鳥飛
的氛圍與胸懷。

〔3〕「只今」二句：訴廉頗老矣，閉門待盡，大道不行，後繼乏人的悲哀。

〔4〕自注：「『佛法不怕爛卻』，禪家語也。杜蘅一名馬蹄香，《本草》辨偽藥云：『細
辛則杜蘅，水浸令直。』三峰謂華陰也。」　　馬蹄香：杜蘅的別名。即杜若。

多年生草本植物，生於陰濕林下或草叢中。文學作品中常用以比喻君子、賢人。《楚辭‧離騷》：「畦留夷與揭車兮，雜杜衡與芳芷。」宋沈括《夢溪筆談‧藥議》：「東方南方所用細辛，皆杜衡也。又謂之馬蹄香。」「不甘」句：言不願勉強厚顏無恥地隨俗沉浮。杜甫《假山》：「一簣功盈尺，三峰意出群。」趙次公注：「今句為實道土山之三峰，而《華山記》有云：『其三峰直上，晴霽可睹，卻有出處，故封一簣。』」三峰：三山峰。指華山之蓮花、毛女、松檜三山峰。唐陶翰《望太華贈盧司倉》詩：「行吏到西華，乃觀三峰壯。」靈均：屈原之字。

引年得請伏蒙致政學士契丈特垂慶問寵以佳篇捧玩之餘感愧亡量輒借高韻少見謝誠伏幸笑覽〔1〕

一氣無私物自盤，放臣偏荷主恩寬。方慚妄竊老夫號，詎敢重簪博士冠。身退未妨閒養病，年豐何幸且偷安。新篇似許參同社，願刺仙舟上釣灘。〔2〕

〔校注〕

〔1〕《新安文獻志》此詩題作「引年得請和答致政陳昭遠學士」，且有二首。

〔2〕自注云：「賈生《鵩賦》『大鈞播物』，《史記》作『大專槃物』。索隱云：專讀作鈞；槃，猶轉也。義與播同。」

叔通老友探梅得句不鄙垂示且有領客攜壺之約次韻為謝聊發一笑〔1〕

迎霜破雪是寒梅，何事今年獨晚開。應為花神無意管，故煩我輩著詩催。繁英未怕隨清角〔2〕，疏影誰憐蘸綠杯〔3〕。珍重南鄰諸酒伴，又尋江路覓香來。〔4〕

〔校注〕

〔1〕慶元六年作。叔通：劉淮，字叔通，號溪翁，又號泉翁。建陽（今屬福建）人，生卒年不詳。光宗紹熙元年（1190）進士。博學能文，尤以詩知名。朱熹《跋劉叔通詩卷》（壬子冬）云：「叔通之詩不為雕刻纂組之工，而其平易從容，不費力處，乃有餘味。又謂其「放體不拘束底詩好」（《朱子語類》卷一四〇）。其《題韓府》詩（全詩見韋居安《梅磵詩話》卷上），葉紹翁謂「雖為韓（侂胄）而發，其實嘉定用事者良劑也」（《四朝聞見錄》戊集），趙蕃跋云：「何人

　　詠出韓家府，是我建陽劉叔通。盡道唐人工樂府，罕能褒貶似渠工。」（《詩人
玉屑》卷一九引《玉林詩話》）。

〔2〕繁，考異：一作「落」。　　繁英：開得十分繁茂的花。清角：古琴名。

〔3〕蘸：斟灑之意；綠杯：酒杯。

〔4〕珍重句：考異：一作「聞道南鄰多酒伴」。又，考異：一作「肯」。香，《瀛奎
　　律髓彙評》校：一作「春」。

病中承子服老弟同居厚叔通居中居晦諸兄友載酒見過子服有詩牽勉奉和並呈在席幸發一笑〔1〕

　　心期萬壑與千岩，屢向君詩得指南〔2〕，偶逢兀者
便同參〔3〕。倘蒙大藥分金匕〔4〕，豈羨奇方出玉函〔5〕。誰識留連今夕意
〔6〕，沈痾未散莫回驂。〔7〕

〔校注〕

〔1〕慶元年作。子服：丘膺，字子服，丘義從弟，建寧府建陽人。從朱熹遊，稱
　　為老友。嘗與朱熹刊定《周子通書》，及論老子「營魄」、揚子「載魄」之義。
　　慶元三年正月在建陽考亭，送別被編管湖南春陵的蔡元定，獨為涕泣流連而
　　不能已，處世變，恤窮交，兩得其理。慶元五年七月，朱熹有詩和之。同年
　　重九，與范瑄、嚴士敦諸友載酒到考亭精舍與朱熹會集，有詩酬唱。慶元五
　　年冬，與劉淮、江嗣探梅訪朱熹，作詩酬唱。居厚：徐元德（1139～1201），
　　字居厚，號牧齋，台州仙居人。從學於薛季宣。宋孝宗淳熙五年（1178）進
　　士及第，淳熙十三年官邵武軍學教授，為紀念李綱民族氣節倡建李忠定祠，
　　請朱熹作《李忠定公祠記》。淳熙十五年得葉適向宰執薦舉。官太常寺薄，任
　　徽州通判，擢通州知州。居官清正廉明，楊萬里譽其為「浙東名儒，朝列正
　　士」。　　居中：周明作（一作佐），字符興，又字居中，周誼之季子，周明
　　仲之弟，建寧府建陽人。朱熹門人，紹熙三年於建陽考亭從遊，為晦翁授易
　　詩禮弟子，記錄朱熹之語。慶元五年重九，與周明仲、范瑄、嚴士敦諸友載
　　酒到建陽考亭與朱熹會集，有詩酬唱。　　居晦：周明仲，字居晦，周誼之
　　次子，建寧府建陽縣三桂里人。朱熹門人，好讀書，有志當世之務，登宋孝
　　宗乾道五年（1169年）進士第，曾以承議郎差知邵武軍光澤縣事。慶元三年
　　二月至四年九月在湖南為官。

〔2〕宿諾，《考異》云一作「獨往」。　　宿諾：未及時實現的諾言。冷然：寒涼貌。
　　《太平廣記》卷八十二引唐薛用弱《集異記・李子牟》：「叟乃授之微弄，座客
　　心骨冷然。」此句言前日同遊諾言久已冷落未踐。

〔3〕便，考異云一作「遂」。　　兀者：斷去一足之人。同參：佛教語，共同參謁
　　一師，共同參悟研究。王安石《驢》之一：「臨路長鳴有真意，盤山弟子久同
　　參。」此句言自己也是瘸子。

〔4〕蒙，考異云一作「逢」。　　大藥：道家金丹。杜甫《贈李白》：「若乏大藥資，
　　山林跡如掃。」金匕：金製之匕。匕為古代餐具，曲柄淺斗，類似今之羹匙。
　　丹藥以匕量之。杜甫《昔遊》：「豈辭青鞋胝，悵望金匕藥。」

〔5〕出，考異云一作「扣」。　　玉函：晉葛洪有醫書《玉函方》，故以「玉函」泛指醫
　　書。蘇軾《次韻子由清汶老龍珠丹》：「天公不解防癡龍，玉函寶方出龍宮。」
　　此二句為全篇意之所在，作者乞金丹，並非真欲長生不老，更非求治足疾之藥，
　　乃欲治山水之渴，治其心也。

〔6〕此句考異云：一作「且幸親朋相暖熱」。

〔7〕自注：「子服數有詩言黃楊之勝，未及往而得足疾，故有『兀者』之句。是夕
　　坐客皆以霜寒欲亟歸，因又有末後句云。」　　沉痾：久治不愈的病。

苦雨用俳諧體

　　仰訴天公雨太多，纔方欲住又滂沱。九關虎豹還知否〔1〕，爛盡田中
白死禾。

〔校注〕

〔1〕自注：楚辭《招魂》：「虎豹九關，啄害下人些。」　　九關：天門九重。九關
　　虎豹，喻兇殘的權臣。

讀十二辰詩卷掇其餘作此聊奉一笑〔1〕

　　夜聞空簞齧饑鼠，曉駕羸牛耕廢圃〔2〕。時才虎圈聽豪誇〔3〕，舊業
兔園嗟莽鹵〔4〕。君看蟄龍臥三冬〔5〕，頭角不與蛇爭雄。毀車殺馬罷馳
逐〔6〕，烹羊酤酒聊從容。手種猴桃垂架綠〔7〕，養得鵾雞鳴角角〔8〕。客
來犬吠催煮茶，不用東家買豬肉。

〔校注〕

〔1〕倪維綏《群談採餘》：宋黃山谷有二十八宿支干詩，朱文公乃云讀十二辰詩卷，
　　撥其餘作此，聊奉一笑云云。

〔2〕簞：盛飯的籃、筐。羸羊：瘦弱的牛。

〔3〕才，成化本作「方」。　　虎圈：養虎之所。《史記・張釋之傳》：「釋之從行，
　　登虎圈。上問上林尉諸禽獸簿，……虎圈嗇夫從旁代尉對上所問禽獸簿甚悉。」

〔4〕兔園：即《兔園策》。唐李惲（蔣王）命僚佐杜嗣先仿傚應試科目的策問，製
　　成問答題，引經史解釋，編成此書。惲是太宗兒子，因取漢梁孝王的兔園為名，
　　稱為《兔園策》。唐代作為啟蒙課本，因此受到士大夫的輕視。五代劉岳就拿
　　「忘持兔園冊來」譏諷宰相馮道沒有學問。

〔5〕蟄龍：蟄伏的龍。比喻隱匿的志士。

〔6〕毀車殺馬：廢棄車馬。喻歸隱意志堅決。《後漢書・周燮傳》：「（馮良）年三十，
　　為尉從佐。奉檄迎督郵，即路慨然，恥在廝役，因壞車殺馬，毀裂衣冠，乃遁
　　至犍為，從杜撫學。」後以「殺馬毀車」喻棄官歸隱。

〔7〕猴桃：獼猴桃。

〔8〕鶡雞：鳥名。《楚辭・九辯》：「鶡雞，似鶴，黃白色。」又有古曲《鶡雞》，屬
　　相和歌。張衡《南都賦》有「《寡婦》悲吟，《鶡雞》哀鳴」句。角角（gǔ）象
　　聲詞，鳴叫聲。

考試感事戲作

　　海邑三年吏，勤勞不為身。但令官事了，從遣點兒嗔〔1〕。

〔校注〕

〔1〕點兒：聰慧的兒童。北齊顏之推《顏氏家訓・教子》：「齊武成帝子琅邪王，太
　　子母弟也，生而聰慧……帝每面稱之曰：『此點兒也，當有所成！』」

卷二十

林　外

　　林外（生卒年不詳）字豈塵，自號懶窩，晉江（今福建泉州）人。高宗紹興三十年（1160）進士，知興化縣。詞翰瀟爽，詼諧不羈，飲酒斗餘不醉，工詩詞。著有《懶窩類稿》，今不傳。今錄戲謔詩 1 首。

戲題灘傍驛壁

　　千古傳名黯淡灘[1]，十船過此九船翻。惟有泉南林上舍，我自岸上走，你怎奈何我。

〔校注〕

〔1〕黯淡灘：在福建省南平市東，水流湍急，號稱極險，為著名硯石產地。宋蘇軾《鳳咮硯銘》：「或以黯黮灘石為之，狀酷類而多拒墨。」宋周密《齊東野語‧林外》：「南劍黯淡灘，湍險善覆舟，行人多畏避之。外嘗戲題灘傍驛壁云：『千古傳名黯淡灘，十船過此九船翻。』」

張孝祥

張孝祥（1132～1170），字安國，號于湖居士，歷陽烏江（今安徽和縣）人。高宗紹興二十四年（1154）中進士第一，曾官著作郎、中書舍人，知荊南、荊湖北路安撫使等。乾道五年（1169），因疾以顯謨閣直學士致仕。張孝祥工詩文，尤以詞著稱，風格雄麗清曠，悲壯慷慨，上承蘇軾，下啟辛棄疾，在當時有著很高的聲譽。著有《于湖居士文集》。今錄戲謔詩 6 首。

張欽夫筍脯甚佳秘其方不以示人戲遣此詩〔1〕

使君喜食筍，筍脯味勝肉。秘法不肯傳，閉門課私僕。君不見金谷饌客本萍虀〔2〕，豪世藉此真成癡。但令長鬚日致饋，不敢求君帳下兒。

〔校注〕

〔1〕張欽夫：即張栻（1133～1180），字欽夫、敬夫，號南軒，張浚之長子，漢州綿竹人，徙居衡陽。幼受家學，穎悟夙成，深得其父惜愛。年輕時，已在學林中嶄露頭角，二十三歲便能獨立著述，理學思想初步形成。尊父命，紹興三十一年前往衡山受業於胡宏，學習二程理學，經潛心苦讀和四方講學交友，學業日進，廣泛收集顏子言行，編輯成《希顏錄》。胡宏逝世後，張栻仍多方問學，遂成為湖湘派的繼承人。筍脯：即筍乾，又名筍脯。其製法在釋贊寧《筍譜》中有詳細的記載：「乾法，將大筍生去尖銳頭，中折之，多鹽漬，停久曝乾。用時久浸，易水而漬作羹，如新筍也。脯法，作熟脯，捶碎薑酢漬之，火焙燥後盎中藏，無令風犯。會稽箭筍乾法，多將小筍蒸後以鹽酢焙乾，凡筍宜蒸味全，今越箭乾為美啖也。結筍乾法，秦隴以來，出筍纖長，土人用土鹽鹽乾結之，市於山東道，浸而為虀菜，甚美。」

〔2〕金谷：即金谷園，在洛陽市西北，西晉時石崇所築的別墅，極奢華。饌客：待客的吃食。萍虀：即韭菁虀。蘇軾《豆粥》詩：「萍虀豆粥不傳法，咄嗟而辦石季倫。」

戲書贈蘇待問〔1〕

從公覓此紙〔2〕，欲與蘇待問。醉中墨鴉黑，北風起雲陣。明朝酒醒看，為子傳心印〔3〕。子若不領略，取火燒作爐。

〔校注〕

〔1〕蘇待問：蘇總龜，字待問，蘇欽從侄，泉州德化人。居太學十六年，宋高宗紹興三十二年（1162）賜進士，授衡州教授，遷參淮東議幕，累遷廣東提舉。奉祠歸。衍道南正派，與黃勉齋、陳北溪齊名。著有《論語解》《大學儒行篇》及詩文雜著。

〔2〕從公：辦理公務；參與公事。

〔3〕心印：佛教禪宗語。謂不用語言文字，而直接以心相印證，以期頓悟。理學家藉以指對聖人學說在心性上的領會。

德慶范監州以子石硯寵假雖小而奇戲作〔1〕

其一

曾侍虛皇玉案前〔2〕，夜書繭紙筆如椽〔3〕。莫嫌此石規模小，一寸玄雲萬斛泉〔4〕。

〔校注〕

〔1〕《唐宋千家聯珠詩格校證》題作「謝惠紫石硯」並增注：「《硯譜》：『端溪水中石色青，山半石色紫，山絕頂如豬肝色者尤佳。』」校證：此詩見《全宋詩》卷二四〇六，題作《德度范監州以紫石硯寵假雖小而奇戲作》之一，出《于湖居士文集》卷一〇。按：張孝祥，字安國，號于湖居士。德慶：地處廣東省西部，古為百越地。為肇慶屬縣。西漢元鼎六年（前111），始置端溪縣，屬蒼梧郡。南宋紹興初（1131），升為德慶府。據《方輿紀要》記載：「紹興初升為德慶府，以高宗潛邸也。」

〔2〕言此石曾入翰苑來。《黃庭內景經》注：「虛皇者，紫清太素高虛洞曜三光元道君內號也。」元微之詩：「我是玉皇香案吏。」

〔3〕《法書要錄》:「王羲之用蠶繭紙書《蘭亭詩序》。」筆如椽:椽,榱也。《晉書‧
王珣傳》:晉王珣,孝武時為左僕射。「珣夢人以大筆如椽與之,既覺,語人曰:
『此當有大手筆事。』俄而帝崩,哀冊謚議,皆珣所草。」後因以「筆如椽」
喻大手筆或重要的文墨之事。

〔4〕雲,《唐宋千家聯珠詩格校證》作「靈」;並校云「《全宋詩》作『雲』。」言此
硯之功用甚大。此詩言:此硯曾侍皇案之前,策勳於紙筆之間。今不可以規模
之小而輕之也。

其二

端溪別駕極風流〔1〕,白璧明珠不暗投〔2〕。笑我支床已多許〔3〕,須
君隱几更冥搜。

〔校注〕

〔1〕端溪:溪名。在廣東省高要縣東南。產硯石。製成者稱端溪硯或端硯,為硯中
上品。後即以「端溪」稱硯臺。

〔2〕《文選‧鄒陽〈獄中上書自明〉》:「臣聞明月之珠,夜光之璧,以暗投人於道,
眾莫不按劍相眄者。何則?無因而至前也。」《史記‧鄒陽列傳》《漢書‧鄒陽
傳》亦載。李白詩:「遠客謝主人,明珠難暗投。」高適詩:「此路無知己,明
珠莫暗投。」蘇舜欽詩:「惜乎志大名位卑,明珠投暗人疑之。」

〔3〕支床:《史記‧龜策列傳》:「南方老人用龜支床足,行二十餘歲,老人死,移
床,龜尚生不死。」王維《春日上方即事》詩:「鳩形將刻杖,龜殼用支床。」
此喻養生延年。

臨桂令以薦當趨朝置酒召客戲作二十八字遺六從事佐之壽其太夫人〔1〕

雙鳧舊作朝天計〔2〕,一鶚新收薦士書〔3〕。不惜持杯相暖熱,白頭
慈母最憐渠。

〔校注〕

〔1〕臨桂:廣西桂林。張孝祥曾知靜江府兼廣南西路經略安撫使,而此詩又誤入張
嵲《紫微集》,其不曾在臨桂為官,故此詩當為張孝祥詩。

〔2〕雙鳧:《後漢書‧王喬傳》:「喬有神術,每月朔望,常自縣詣臺朝。聖怪其來
數,而不見車騎,密令太史伺望之。言其臨至,輒有雙鳧從東南飛來。於是候

鳧至，舉羅張之，但得一隻舄焉。乃詔上方診視，則四年中所賜尚書官屬履也。」東漢王喬任葉縣令，有神仙術，頻繁來往於葉縣洛陽間，而不見車騎，常見有雙鳧從東南飛來。此典多用於酬贈縣令詩或代指縣令。駱賓王《餞鄭安陽入蜀》：「唯有雙鳧舄，飛去復飛來。」岑參《送宇文舍人出宰元城》：「雙鳧出未央，千里過河陽。」

〔3〕一鶚：《漢書·鄒陽傳》：「臣聞鷙鳥累百，不如一鶚。」顏師古注：「孟康曰：『鶚，大鵰也。』如淳曰：『鷙鳥比諸侯，鶚比天子。』鷙擊之鳥，鷹鶚之屬也。鶚自大鳥而鷙者耳，非鵰也。」後用以比喻出類拔萃的鯁直之臣。

判夫出改嫁

淡紅衫子淡紅衣，狀上論夫去不歸。夫若不歸任從嫁，夫若歸時我不知。〔1〕

〔校注〕

〔1〕張孝祥引詩輯自《全宋詩輯補》2142 頁。《醉翁談錄》庚集卷二。原署張紫微，應為張孝祥，因其曾任中書舍人，人稱張紫微，其詞有稱為紫微詞，書帖有稱為紫微帖。此判詞本事云：有一良家婦，投狀於潭州張紫微。張孝祥乾道三年（1167）、四年知潭州，故稱。

趙端行

趙希邁，約 1240 年前後在世。字端行，號西堂，永嘉（今浙江溫州市）人。一說樂清（今屬浙江）人。宋太祖九世孫。曾任嘉定尉、平陽丞、通判雷州、知武岡軍。今錄戲謔詩 1 首。

少稷賦十二相屬詩戲贈〔1〕

不用為鼠何數奇，飯牛南山聊自怡。探穴取虎有奇禍，守株伺兔非全癡。文成雕龍成卷軸〔2〕，畫蛇失杯坐添足。走馬章臺憶舊遊〔3〕，歲月纔驚羊胛熟〔4〕。羊窗要自息獼猴〔5〕，異口無應心日休〔6〕。白衣蒼狗變化見〔7〕，世事何如牧豬戲。

〔校注〕

〔1〕曾棗莊《中國古代文體分類學》此詩作劉子翬作。少稷：尹穡，字少稷。兗州（今屬山東）人，建炎中南渡，徙居信州玉山（今屬江西）。紹興三十二年（1162），為樞密院編修官，賜進士出身。孝宗時，歷任監察御史、右正言、殿中侍御史、諫議大夫等職。附和史浩，力主和議，壓制抗金派，遭到朝臣猛烈抨擊。不久，因主和派失勢，遂被罷官。《宋史》卷三七二有《尹穡傳》。

〔2〕雕龍：指經過精雕細琢，文辭優美。

〔3〕走馬章臺：《漢書·張敞傳》：「敞無威儀，時罷朝會，過走馬章臺街，使御史驅，自以便面拊馬。又為婦畫眉。」章臺街為漢代長安街名，多妓館。後因以「走馬章臺」指涉足娼妓間，追歡買笑。

〔4〕羊胛熟：《新唐書·回鶻傳下·骨利幹》：「骨利幹，處瀚海北……又北度海，

則晝長夜短。日入烹羊胛，熟，東方已明，蓋近日出處也。」後用「羊胛熟」
形容時間短促。宋陳造《書懷》詩：「百年羊胛熟，萬事虎頭癡。」

〔5〕羊，疑當作「六」。

〔6〕□，當奪雞字。

〔7〕白衣蒼狗：比喻世事變化無常。

張 栻

張栻（1132～1180），字敬夫，號南軒。祖籍綿竹（今屬四川），寓居長沙。張浚之子，少穎悟，及長專心理學，師事胡宏，與朱熹、呂祖謙為友。以父蔭入仕，歷知州郡，累官至左司員外郎，官終知江陵府、荊湖北路安撫使。著有《南軒先生文集》四十四卷。今錄戲謔詩 9 首。

筍脯一平馳寄因和去歲詩為一笑春筍未盛尚續致也

權門極珍羞，未辦食龍肉〔1〕。我家湘楚山，籜龍飫奴僕。淮南戶戶有黃虀〔2〕，公今徑歸亦不癡。更包筍脯贈行李，定應笑殺長安兒。

〔校注〕

〔1〕龍肉：原意指傳說中龍的肉，在文學作品中比喻價值極高的事物。人們常說「天上龍肉，地上驢肉」，可見龍肉只有天上有，比喻非常珍稀的事物。

〔2〕黃虀：鹹醃菜。

正月強半梅猶未開黃仲秉作詩嘲之次韻〔1〕

其一

孤芳未分落人間，故向東風小作難。眼底莫容蜂蝶亂，好留明月趁春寒。

其二

水邊疏影幾人知，尚喜詩翁到未遲。怪得尋花心眼別，去年曾賦上林枝。

〔校注〕

〔1〕黃仲秉：名鈞，綿竹人，紹興二十四年（1154）張孝祥榜同進士出身，與張栻、楊萬里、周必大等人為友。乾道二年（1166）除秘書省正字，六月為著作佐郎，（《南宋館閣錄》卷八）三年五月為起居舍人、太常少卿兼國史院編修官及實錄院檢討官。乾道八年，以秘閣修撰出知瀘州。尋改權兵部侍郎兼實錄院同修撰。次年，出知鎮江府。葛郯有詞《滿庭霜・宴黃仲秉鎮江守》。楊萬里《誠齋詩話》曰：「近世蜀人多妙於四六，如程子山（敦厚）、趙莊叔（逵）、劉紹美（儀鳳）、黃仲秉其選也。」

前日從趙漕飲因得遍觀所藏書帖之富既歸戲成三絕簡之〔1〕

其一

烏雲夭矯天欲雨，虛堂美蔭共徜徉。開奩百軸驚傳玩，更覺人間六月涼。

其二

舊藏自是承平物，新軸收從古道旁。人間好事戒多得，防有雷霆下取將。〔2〕

其三

今古驅馳翰墨場，何人下筆到顏楊〔3〕。君侯知我有書癖，乞與西臺字幾行〔4〕。

〔校注〕

〔1〕趙漕：即趙養民，玉山人。范成大有詩《與鄭少融、趙養民二使者訪古眥家洲，歸憩松關。二君欲助力興廢，戲書此付長老善良，以當疏頭》，曾與范成大、鄭少融等三人於淳熙元年（1174）在桂林七星岩、中隱山題名。

〔2〕自注：「李金之亂，護漕為寧遠宰，獨守邑不去。以兵行縣郊，視道旁卷帙零亂雜泥土。下馬就觀，多得佳帖。」　雷霆：喻威猛、迅猛。亦指威猛迅猛的軍隊。

〔3〕楊，《張栻集》作「揚」，校云：「據四庫本改。」

〔4〕西臺：即中書省。

廖憲送牡丹用海棠韻復走筆戲和之〔1〕

其一

綠葉滿園風雨餘，君家花事嶺中無〔2〕。眼明見此復三歎，京洛名園憶上腴〔3〕。

其二

報答春光須著語，年來老我不能奇。風前娟好有餘態，未必此花如此詩。

〔校注〕

〔1〕廖憲：不詳其人。

〔2〕花事：關於花的情事。春季百花盛開，故多指遊春看花等事。

〔3〕上腴：最肥沃的土地。

和元晦懷定叟戲作〔1〕

路入青山小作程，每逢佳處憶吾人。山林朝市休關念〔2〕，認取臨深履薄身〔3〕。

〔校注〕

〔1〕元晦：朱熹。定叟：即張构，字定叟。張浚次子，張栻弟。官兵部、吏部、刑部侍郎，知臨安府。升寶文閣學士，知平江府。升龍圖閣學士，知隆興府兼江西安撫使。朱熹有《與張定叟書》《與張定叟侍郎》《方廣奉懷定叟》諸詩。

〔2〕朝市：泛指名利之場、塵世。

〔3〕臨深履薄：《詩·小雅·小旻》：「戰戰兢兢，如臨深淵，如履薄冰。」謂面臨深淵，腳踏薄冰。後因以「臨深履薄」喻謹慎戒懼。

陳　造

陳造（1133～1203），字唐卿，號江湖長翁。高郵（今屬江蘇）人。孝宗淳熙二年（1175）進士。歷平江府教授、知明州定海縣，通判房州並權知州事、浙西路安撫司參議，轉淮西路安撫司參議。著有《江湖長翁文集》。今錄戲謔詩 23 首。

戲作〔1〕

書生稟賦紙樣薄，平日扶衰惟粥藥。一日飲濕小嚃肥〔2〕，河魚數日煩醫治〔3〕。佳辰府公約把酒，嚴斥廚丁預節口。借問主賓酬酢余，還許公榮袖手無。厚味臘毒古不予〔4〕，如作病何仍古詰。生世例非金石堅，支離如我更可憐。饞嚵動使諸病入，冷坐亦復百憂集。彭殤瘠肥本自齊〔5〕，此理祇許蒙莊知。箸下萬錢無足取，廚薦三韭徒自苦。法士語飲應且憎，何如臥客懷中醉不應。婪酣任人嗤轂伯〔6〕，何如辟穀高人師黃石〔7〕。陳遵張竦柄鑿夫何為〔8〕，彼此未可相是非。七十老翁誰能促戚縛此戒，醉死病殂吾命在。

〔校注〕

〔1〕自注：「飲食少過，不佳。趙師招飲，淡食止酒，因成古詩。」

〔2〕飲濕：謂飲酒不求盡興。嚃肥：吃肥美的肉。

〔3〕河魚：腹疾的代稱，魚爛先從腹內開始，所以患腹瀉病常用河魚作比。指腹瀉。也作「河魚之患」。《左傳·宣公十二年》：「河魚腹疾奈何？」

〔4〕厚味臘毒：謂味美者會損害健康。

〔5〕本，《永樂大典》誤作「李」。　　彭殤：猶言壽夭。彭，彭祖，古之長壽者。殤，未成年而死。彭殤連用，常表示兩個相反概念。稱人長壽，亦作彭壽。《莊子‧齊物論》：「莫壽於殤子，而彭祖為夭。」莊子認為，以彭代表的壽，同以殤表示的夭，二者可以互相顛倒。白居易《贈王山人》：「彭殤徒自異，生死終無別。」又《放言》：「泰山不要欺毫末，顏子無心羨老彭。」

〔6〕《永樂大典》，吳之振等選《宋詩鈔》此句前多「不應」二字。穀伯：謂健飯者。嘲稱食量大的人。

〔7〕此句《永樂大典》將「黃石」二字放下句。

〔8〕張竦：字伯松，敞孫，初為京兆史，累遷至丹陽太守。王莽居攝，封為淑德侯，後免官，以列侯居長安。莽敗，客於池陽，為賊兵所殺。

次韻朱通判嚴上舍〔1〕

其一

蜀莊漂泊闔閭城〔2〕，獨向陶朱意氣傾〔3〕。詩寫閒情易為好，雨鏖炎暑欲爭清。居同蟻穴晴猶閉，歸笑鳩巢老未營。久擬投君渠保社〔4〕，援毫空復可憐生。

〔校注〕

〔1〕朱通判：不詳其人。嚴上舍：即嚴文炳，長樂人。陳造《次韻嚴上舍》自注「文炳時已就他館。」《送嚴上舍遊湖北序》言「長樂嚴文炳」。上舍：宋熙寧四年（1071）立太學三舍法，第一等稱上舍。上舍招生一百人。上舍生考試分上等、中等、下等，名列上等的直接授官，中等免禮部試，下等免解試。

〔2〕蜀莊：指漢蜀郡莊遵。漢揚雄《法言‧問明》：「蜀莊沉冥，蜀莊之才之珍也。不作苟見，不治苟得，久幽而不改其操，雖隋和何以加諸。」李軌注：「蜀莊，蜀人姓莊，名遵，字君平。沉冥，猶玄寂，泯然無跡之貌。」闔閭城：蘇州的別稱。

〔3〕陶朱：春秋時越國大夫范蠡的別稱。蠡既佐越王句踐滅吳，以越王不可共安樂，棄官遠去，居於陶，稱朱公。以經商致巨富。

〔4〕保社：古代鄉村的一種民間組織，因依保而立，故稱。宋劉克莊《賀新郎‧癸亥九日》詞：「留得香山病居士，卻入漁翁保社。悵誰伴、先生情話。」

其二

君家名酒壓吳城，肯向時流取次傾。篘玉誰今窺正色〔1〕，班荊渠定賞真清〔2〕。雙壺問字寧能許，一醉留賓不辦營。莫惜驅車餉元亮〔3〕，須防結襪要王生〔4〕。

〔校注〕

〔1〕篘玉（chōu）：指酒。篘，本為竹編之濾酒器具，後遂為酒之代稱。

〔2〕班荊：謂朋友相遇，共坐談心。

〔3〕元亮：晉詩人陶潛，字元亮，曾任彭澤令，因不願為五斗米折腰而歸隱。後常用為隱居不仕的典實。

〔4〕結襪王生：《史記·張釋之馮唐列傳》：「王生者，善為黃老言，處士也。嘗召居廷中，三公九卿盡會立，王生老人，曰『吾襪解』，顧謂張廷尉：『為我結襪！』釋之跪而結之。既已，人或謂王生曰：『獨奈何廷辱張廷尉，使跪結襪？』王生曰：『吾老且賤，自度終無益於張廷尉。張廷尉方今天下名臣，吾故聊辱廷尉，使跪結襪，欲以重之。』諸公聞之，賢王生而重張廷尉。」後因以「結襪」為士大夫屈身敬事長者，或士人蔑視權貴之典。

其三

萬手抄詩遍洛城，老懷可但向來傾。採菱白雪方迭奏〔1〕，蜚雨曉風相與清。價重欲輸和氏璧，令嚴誰犯伏波營〔2〕。即今貂尾那容續，更判工夫費此生。

〔校注〕

〔1〕採菱白雪：古琴曲。

〔2〕伏波營：馬援是東漢名將。漢光武帝時，他奔赴沙場抵禦外族侵略。他抗匈奴伐交趾，屢建戰功。光武帝封他為「伏波將軍」。借用東漢馬援的典故，暗示征人戍守在南方邊境，概說軍營。

其四

子元才望未專城，玉面醁敷且細傾。寵辱盡捐身外事，醺酣聊樂聖之清。分甘亦復憐吾老〔1〕，飲濕終慚不自營。歸去須君傳此法，秔田百畝便平生〔2〕。

〔校注〕

〔1〕分甘:《後漢書·楊震傳》「雖有推燥居濕之勤。」李賢注引《孝經·援神契》:
　　　「母之於子也,鞠養殷勤,推燥居濕,絕少分甘。」本謂分享甘美之味,後亦
　　　以喻慈愛、友好、關切等。

〔2〕秫田:種稙黏粟之田。

再次韻後篇戲朱

其一

淙淙雨勢欲沈城,衮衮辭源亦對傾。闔戶渾疑雲氣近,誦詩如在玉
壺清。射知猿臂須穿札〔1〕,陳怯魚麗且閉營〔2〕。只把兩君新句法,為
歌豐樂詔諸生。

〔校注〕

〔1〕穿札:射穿鎧甲。札,鎧甲的葉片。形容射箭功力之強。

〔2〕魚麗:古代戰陣名。晉杜預注:「《司馬法》:『車戰二十五乘為偏。』以車居前,
　　　以伍次之,承偏之際而彌縫闕漏也。五人為伍。此蓋魚麗陳法。」

其二

似聞新醞敵宜城,想對簷花又獨傾。別乘工為海鯨吸〔1〕,廣文當念
露蟬清〔2〕。投醪頻遣春浮頰〔3〕,盜印寧無夜闖營。約束長鬚牢閉戶,
甕間防有畢先生〔4〕。

〔校注〕

〔1〕別乘:歷代州別駕從事,或州別駕、府別駕之別名。《全唐詩》卷二〇〇岑參
　　　《送襄州任別駕》:「別乘向襄州,蕭條楚地秋。」明吳昭明等《五車霏玉》卷
　　　五《百官部·京尹》:「別乘:別駕。」

〔2〕廣文:泛指清苦閒散的儒學教官。唐杜甫稱鄭虔為「廣文先生」。據《新唐
　　　書·鄭虔傳》載,玄宗愛鄭虔才,為置廣文館,以之為博士。杜甫《醉時
　　　歌》:「諸公衮衮登臺省,廣文先生官獨冷;甲第紛紛厭粱肉,廣文先生飯
　　　不足。」

〔3〕投醪:《呂氏春秋》卷九《季秋紀·順民》:「越王苦會稽之恥,欲深得民心,
　　　以致必死於吳。……內親群臣,下養百姓,以來其心。有甘脆不足分,弗敢食;
　　　有酒流之江,與民同之。」東漢高誘注:「投醪,同味。」春秋時,越王句踐

為團結百姓以報亡國之恥，曾投酒於江中，與民間飲。後世用以喻指與軍民同
甘苦，常用於詠君臣共宴。

〔4〕畢先生：畢卓。《世說新語・任誕》注引《晉中興書》：「畢卓字茂世……太興
末為吏部郎，嘗飲酒廢職。比舍郎釀酒熟，卓因醉，夜至其甕間取飲之。主者
謂是盜，執而縛之；知為吏部也，釋之。卓遂引主人燕甕側，取醉而去。」蘇
軾《成伯家宴造坐無由輒欲效顰而酒已盡入夜不欲煩擾戲作小詩求數酌而
已》：「隔籬不喚鄰翁飲，抱甕須防吏部來。」

苦雨再次前韻〔1〕

其一

席蚓堂蛙豈趙城，崩空急雨未休傾。青秧可復成堅皂，碧海渠能受
濁清。田舍望秋猶萬一，官曹需祿更征營〔2〕。寶薰定有回天力，即看
朝曦指顧生。

〔校注〕

〔1〕自注：「後詩謝許送酒。」

〔2〕征營：惶恐不安貌。三國魏曹操《讓九錫表》：「惶悸征營，心如炎灼。」

其二

底用詩名到鳳城，未妨醉帽笑欹傾。日聞螟蠃譏狂率，目送鯤鵬簬
紫清〔1〕。譚客有時三不對，生涯除酒一無營〔2〕。鳴鞭走送君能斷，小
印親封定好生。

〔校注〕

〔1〕簬：彙集。

〔2〕無營：無所謀求。漢蔡邕《釋誨》：「安貧樂賤，與世無營。」

次韻楊宰食蓮戲作

其一

平時蓮實吾羊棗，日飫甘寒不自疑。病恐傷生嚴食事，居多節口甚
嬰兒。舌融沆瀣詩能說〔1〕，手掬珠璣我屬思〔2〕。對酒移風勞想像，靜
看千柄泛前池。

〔校注〕

〔1〕沆瀣：夜間的水氣，露水。舊謂仙人所飲。

〔2〕珠璣：比喻美好的詩文繪畫等。

其二

詩到衰翁耐病時，闞渠三舍更何疑。才高王儉幕中雋，氣懾孫郎帳下兒。向我論交得無意〔1〕，他時懷舊更長思。蓮莖把玩不為腹，羨殺逢人飲上池〔2〕。

〔校注〕

〔1〕論交：結交，交朋友。

〔2〕上池：上池水，指凌空承取或取之於竹木上的雨露。後用以名佳水。

次兒輩戲商卿設醴韻二首〔1〕

其一

水豢山膚自土宜〔2〕，況邀從事到青齊。賓筵大嚼寧虛口，灶婦深鑋想噬臍〔3〕。爛醉豈無醒酒鱠，明朝重閱不鳴雞。扶頭更憶松江曉，旋買鱸魚薤搗虀。

〔校注〕

〔1〕商卿：傅商卿。曾以迪功郎任新穎昌府司理參軍。陳造《贈四子二首》自注：
「龔澤卿、傅商卿、臧子與、子儀追送予至淮揚，作此贈之。」造另有《傅商卿借鵝》《贈傅商卿》諸詩。

〔2〕山膚水豢：《樂府詩集‧燕射歌辭三‧隋元會大饗歌》：「道高物備食多方，山膚既善水豢良。」本指山上水中出產的美味食物。後泛稱美味。

〔3〕噬臍：亦作「噬齊」。自齧腹臍。喻後悔不及。

其二

將命長鬚腳未移，聯翩客馬已來齊〔1〕。菊花旋採浮雲液，羅幗寬圍護麝臍。醉裏有詩皆虎鳳，區中無物不蟲雞〔2〕。主賓等是龍津客〔3〕，未分金鱗臥甕虀〔4〕。

〔校注〕

〔1〕聯翩：形容連續不斷。

〔2〕蟲雞：唐杜甫《縛雞行》：「小奴縛雞向市賣，雞被縛急相喧爭。家中厭雞食蟲
　　蟻，不知雞賣還遭烹。蟲雞於人何厚薄，吾叱奴人解其縛。雞蟲得失無了時，
　　注目寒江倚山閣。」後以「蟲雞」比喻不足計較的微小得失。

〔3〕龍津：喻高德碩望。

〔4〕甕虀：甕裝的黃虀（鹹菜）。以喻薄祿。

再贈澤卿商卿道舊三首〔1〕

其一

一昨西風散馬蹄，肯如接淅去東齊〔2〕。人家炊玉香馥鼻〔3〕，禾黍
如雲高過臍。飲雋不無驚渴虎，醉歸同約候鳴雞。二卿好客家聲在，遮
莫茅柴薦韭虀。

〔校注〕

〔1〕澤卿：龔澤卿。陳造《贈四子二首》自注：「龔澤卿、傅商卿、臧子與、子儀
　　追送予至淮揚，作此贈之。」另有《次韻答龔澤卿》詩。

〔2〕接淅：語出《孟子・萬章下》：「孔子之去齊，接淅而行。」朱熹集注：「接，
　　猶承也；淅，漬米也。漬米將炊，而欲去之速，故以手承米而行，不及炊也。」
　　後以「接淅」指行色匆忙。

〔3〕炊玉：以昂貴如玉的米、粟做飯。形容物價高、生活困難或飯食珍貴。

其二

隆污非是莫端倪〔1〕，嘗蹈觴深試汨齊。荊璞笑渠忘衛足〔2〕，塢金
何策贖然臍〔3〕。悠悠塞上悲亡馬，斷斷屍鄉叢養雞。可是世紛吾屑去，
平生結習晚吹虀〔4〕。

〔校注〕

〔1〕隆污：高與低。喻盛衰興替。語出《禮記・檀弓上》：「道隆則從而隆，道污則
　　從而污。」

〔2〕荊璞：比喻具有美好資質的人才。衛足：《左傳・成公十七年》：「仲尼曰：『鮑
　　莊子之知不如葵，葵猶能衛其足。』」杜預注：「葵傾葉向日，以蔽其根，言鮑
　　牽居亂，不能危行言遜。」後因以「衛足」比喻自全或自衛。

〔3〕然臍：《後漢書・董卓傳》：「呂布斬董卓，屍之於市。天時始熱，卓素充肥，
　　脂流於地。守屍吏然火置卓臍中，光明達曙。」後以「然臍」為姦佞可悲下場
　　的典實。

〔4〕吹齏：齏：通「齏」，鹹菜。被熱羹燙過的人，吃涼菜也要吹一吹。比喻鑒於
　　　以往的教訓，遇事過分小心，該做的不敢做或舉措失當。

其三

過眼紛紛更問為，幽人生死況能齊。海桑恐礙日車轍，宸極劣為天
磨臍。臧穀君方墮書蠹，研桑我亦笑醯雞〔1〕。晚知戰勝輕千乘，悔厭
晨鹽與暮齏。

〔校注〕

〔1〕研桑：計研和桑弘羊的並稱。二人皆古之善計算者。《文選・班固〈答賓戲〉》：
　　　「和鵲發精於針石，研桑心計於無垠。」醯雞：即蠛蠓。古人以為是酒醋上的
　　　白黴變成。《列子・天瑞》：「醯雞生乎酒。」

戲促黃簿雞粥約三首

其一

微吟仰屋耐調饑〔1〕，腹負將軍竟是誰。側耳鄰翁隔牆喚，黃雞粥熟
是何時。

其二

鵝炙博噴寧復計，馬肝知味不須評。老宜此輩充庖宰，更問鑽籬與
不鳴。

其三

只雞可饜小人腹，未羨侯家千足羊。借問解黿食指動，何如蒸鴨瓠
壺香。

〔校注〕

〔1〕調饑：朝饑。早上沒吃東西時的飢餓狀態。形容渴慕的心情。

趙介卿見簡解嘲二首

其一

復合朱樓繡箔褰〔1〕，蕙蘭風處各嬋娟。詩翁它日揚州夢〔2〕，回施
京華美少年。

〔校注〕

〔1〕箔褰：揭起簾子。

〔2〕揚州夢：唐杜牧《遣懷》詩：「十年一覺揚州夢，贏得青樓薄倖名。」杜牧隨
　　牛僧孺出鎮揚州，嘗出入倡樓，後分務洛陽，追思感舊，謂繁華如夢，故云。
　　後用為感懷之典實。

其二

酒家舊識玄真子〔1〕，街吏嘗隨杜牧之。回首昔遊堪一笑，暮年茶果
祇僧期。

〔校注〕

〔1〕玄真子：唐張志和坐事貶南浦尉，會赦還，以親既喪，不復仕，居江湖，自稱
　　煙波釣徒，著《玄真子》，亦以自號。參見《新唐書·隱逸傳·張志和》。後泛
　　指歸隱江湖之人。

吟詩自笑用前韻

其一

文字光騰萬丈長，錦官老杜豫章黃〔1〕。投荒忍死經人鮓〔2〕，討飯
充腸上岳陽。〔3〕

〔校注〕

〔1〕豫章黃：江西黃庭堅。

〔2〕人鮓：「人鮓甕」。長江險灘之一。在今湖北秭歸縣西，瞿塘峽之下，號稱峽下
　　最險處。宋人詩中常以之與鬼門關屬對。

〔3〕自注：南昌詩：我雖窮至骨，猶勝杜陵老。憶昔上岳陽，一飯從人討。

其二

退歸我欲學真長，君定才名江夏黃。考父舊嘗睎吉甫〔1〕，陵陽端的
嗣黔陽〔2〕。

〔校注〕

〔1〕吉甫：指周宣王賢臣尹吉甫。又稱兮伯吉父。姓兮，名甲，字伯吉父（父一作
　　甫），尹是官名，曾率師北伐玁狁至太原。遺物有《兮甲盤》。《詩·小雅·六
　　月》：「文武吉甫，萬邦為獻。」後代詩文中多以之作賢能宰輔的典型。

〔2〕陵陽：即「陵陽釣魚」。陵陽，山名。在今安徽宣州城內。一指陵陽子明。傳說中的善釣者。相傳他曾釣得白龍，拜而放之而去，後得白魚，魚腹中有服食之法。三年後，有龍來迎之升仙。見漢劉向《列仙傳》。後用以詠仙道之事。李白《涇溪東亭寄鄭少府諤》：「杜鵑花開春已闌，歸向陵陽釣魚晚。」

許及之

許及之（？～1209），字深甫，永嘉（今浙江溫州）人，為鄱陽洪适女婿。孝宗隆興元年（1163）進士。淳熙七年（1180）知袁州分宜縣，後除淮南東路運判兼提刑，以事貶知廬州。慶元四年（1198），擢同知樞密院事。嘉泰二年（1202）拜參知政事，次年，進知樞密院兼參知政事。有《涉齋集》。今錄戲謔詩 11 首。

再戲和轉庵〔1〕

孰裹經旬飯，誰同夜雨床。何妨散花女，聊伴食魚莊。擬喚桃根渡〔2〕，還思范蠡航〔3〕。江湖真落手，身世可兼忘。

〔校注〕

〔1〕轉庵：潘德久，號轉庵。

〔2〕桃根：用王獻之妾桃根典。此借指歌妓或所愛戀的女子。

〔3〕范蠡：助越王句踐滅吳後，全身而退。至陶，改名陶朱公，經商致富。其言論還見於《國語·越語下》和《史記·貨殖列傳》等。

再次外舅韻戲呈舍人叔丈

接棟兄過弟，忘懷汝與吾。纏頭新辦錦〔1〕，買笑近量珠〔2〕。怒釋泥中婢，歡全膝下奴。使無驅豆法〔3〕，亦合賭樗蒱〔4〕。

〔校注〕

〔1〕纏頭：古代歌舞藝人表演完畢，客以羅錦為贈，稱「纏頭」。

〔2〕買笑：謂狎妓遊冶。唐劉禹錫《泰娘歌》：「自言買笑擲黃金，月墮雲中從此始。」量珠：喻豐厚的酬金。

〔3〕驅豆法：即驅豆術。道家有驅豆使人復生之術。

〔4〕樗蒲：古代的一種搏戲。

韓幹四馬詩戲贈世京〔1〕

吾聞北馬來西極，驥首躡雲無定姿。俯視雙瞳真皎鏡，遙憐一骨獨權奇〔2〕。何年慘淡經營處，此日飛揚奔放時。把玩不須嗟歲晚，會看天廄著金羈〔3〕。

〔校注〕

〔1〕韓幹：唐代傑出畫家。藍田（今陝西）人，亦作大梁（今開封）人。擅繪菩薩，鬼神，人物，花竹，尤工畫馬。初師曹霸，重視寫生，自成風格。天寶（742～755）中，官至太府侍丞。其取材尤善內廄名馬，畫「玉花驄」「照夜白」等形象壯健雄駿，獨步當時。存世作品有《照夜白圖》。

〔2〕權奇：奇譎非凡。多形容良馬善行。《漢書·禮樂志》：「太一況，天馬下，沾赤汗，沫流赭。志俶儻，精權奇。」王先謙補注：「權奇者，奇譎非常之意。」《文選·顏延之》：「雄志倜儻，精權奇兮。」張銑注：「權奇，善行貌。」唐高適《畫馬篇》：「馬行不動勢若來，權奇蹴踏無塵埃。」

〔3〕天廄：皇家養馬處。金羈：金飾的馬絡頭。

王宣甫以新婦魚能鬭為勝負魚有詩釋其訛謬次韻戲答〔1〕

斕斑紅黛鬥芳塘，新婦魚兒著底忙。豈為長陵矜先後，不知濠上樂彷徉〔2〕。詩來解辨吾伊謬，我欲兼將勝負忘。蚌鷸相持堪惜許〔3〕，須知旁有謝三郎〔4〕。

〔校注〕

〔1〕王宣甫：不詳其人。新婦魚：《臨海水土記》曰：新婦魚，似鮀魚，長一丈。

〔2〕濠上：濠水之上。

〔3〕蚌鷸相持：《戰國策·燕策二》：「今者臣來，過易水，蚌方出曝，而鷸啄其肉，蚌合而拑其喙。鷸曰：『今日不雨，明日不雨，即有死蚌。』蚌亦謂鷸曰：『今日不出，明日不出，即有死鷸。』兩者不肯相捨，漁者得而並禽之。」後以「蚌鷸相持」比喻雙方相爭，兩敗俱傷，徒使第三者得利。

〔4〕謝三郎：《苕溪漁隱叢話》引《傳燈錄》云：「元沙，福州閩縣人，姓謝氏，幼
好垂釣，泛小船於南臺江，狎諸漁者。年甫三十，忽慕出塵，乃棄釣艇，投芙
蓉山訓禪師落髮。秀老用其事也。」

鄭文之許惠烏髭方戲簡〔1〕

墮甑功名久任緣〔2〕，形骸老醜孰虫妍。了知白髮關吾事，敢學烏髭
趁少年。人謂黃金容可作，君藏鴻寶乃能鉛。一嶓正博妻挐笑，許惠良
方試與傳。

〔校注〕

〔1〕鄭文之：不詳其人。

〔2〕墮甑：《後漢書·孟敏傳》：「（孟敏）客居太原。荷甑墮地，不顧而去。林宗見
而問其意。對曰：『甑以破矣，視之何益？』」後因以「墮甑」比喻事已過去，
無法挽回，不必再作無益的回顧。

戲贈

不鼓君家爨下材〔1〕，渴心古井欲生苔。柳枝未放行雲去，巫峽又還
為雨來〔2〕。似染霜髭欺黑漆，尚禁醋齒試青梅。不妨雨過同心賞，一
架酴醿花正開。

〔校注〕

〔1〕君家：敬詞。猶貴府，您家。爨下：灶下，廚房。

〔2〕行雲：用巫山神女之典。比喻人行蹤不定。

嘲少年

守舍看家老者便，少年爭逐豔陽天。新花日買添新水，肯信翁心尚
少年。

從潘濟叔覓花栽得紅蕉鳳仙大蓼謂水梔僅有一窠寒窗不可無戲作二絕〔1〕

其一

幽人憐我學鋤耰，寄與花栽一一收。莫道芭蕉失寒暑，鳳仙宜夏蓼
宜秋。

其二

聞說君家有水梔〔2〕，虯枝怪石眼前稀。何如借與銷長夏，待得寒窗卻送歸。

〔校注〕

〔1〕潘濟叔：不詳其人。紅蕉鳳仙：即指甲花。大蓼：葒草、馬蓼之別名。

〔2〕水梔：即大花梔子，常綠灌木。

周畏知遺二毫筆雖舊猶耐書戲作六言奉簡〔1〕

其一

我愧不能扛鼎〔2〕，君安得此如椽。拔羊兔毛以利，較夔蚿足相憐〔3〕。

〔校注〕

〔1〕周畏知：周師清，字畏知，信州玉山（今屬江西）人。淳熙八年官徽州婺源縣
　　令。於縣學建周敦頤、程顥、程頤三先生祠，請朱熹於八月九日作《徽州婺源
　　縣學三先生祠記》。乾道中官司直、湖南帥屬。與張栻、范成大、趙蕃等人交
　　善，後以目疾卒。見張栻《名周集說》、趙蕃《挽周畏知二首》、雍正《江西通
　　志》卷八五。

〔2〕扛鼎：比喻有大才，能負重任。明張煌言《祭監國魯王表文》：「徒蘊扛鼎之懷，
　　愈抱號弓之痛。」

〔3〕此句出自莊子《秋水》「夔憐蚿」章。夔謂蚿曰：「吾以一足趻踔而行，予無如
　　矣。今子之使萬足，獨奈何？」

其二

不肯羊質欺世〔1〕，寧作兔園隱居〔2〕。令尹雖舊令尹，中書今尚中書。

〔校注〕

〔1〕羊質：虎皮羊質。見西漢揚雄《法言·吾子》，比喻外強中乾，虛有其表。

〔2〕兔園：又稱梁苑。西漢梁孝王所建的東苑。梁孝王在其中廣納賓客，當時名士
　　司馬相如、枚乘、鄒陽等均為座上客。見《史記》卷五十八《梁孝王世家》。

卷二十一

虞儔

虞儔（1139,1140～？）字壽老,寧國府寧國縣（今屬安徽寧國）人。為人孤介不苟,孝宗隆興元年（1163）進士。初為廣德、吳興二郡教官。歷知湖州、婺州。淳熙十六年,為太學博士,遷監察御史,排擊權貴,朝廷肅然。紹熙元年（1190）,為國子監丞。二年,出為湖南提刑,改浙東提刑,兼知慶元府。三年,移知江州,丁太夫人憂。五年,起知湖州。慶元二年（1196）,改知婺州,除淮南東路轉運副使。三年,轉江南西路轉運副使兼權知平江府,改兩浙西路提點刑獄。四年,改知廬州。六年,為太常少卿。嘉泰元年,除中書舍人。嘉泰二年（1202）,遷兵部侍郎。生平崇敬唐白居易,於家中建尊白堂。著有《尊白堂集》二十四卷,已佚。清四館臣據《永樂大典》輯為六卷,其中詩四卷。今錄戲謔詩 30 首。

秋晚矣菊猶未開小詩速之

其一

問訊東籬菊〔1〕,如今開未開。不應辜酒伴,寧是欠詩催。屈指秋將盡,關心日幾回。霜風不相借,何意尚徘徊。

其二

酒為多多辦,花須早早開。已愆重九約,猶待兩番催。明日還何益,西風定肯回。遊言空自解,蜂蝶笑徘徊。

〔校注〕

〔1〕東籬:晉陶潛《飲酒》詩之五:「採菊東籬下,悠然見南山。」後因以指種菊之處;菊圃。

再促花

珍重栽培意，商量仔細開。花心終有待，詩句漫勞催。莫恨三秋去，須教一笑回。但儲千斛酒，端的奉徘徊。

數詩煎迫太甚再為花下一轉語〔1〕

蝶自無心懶，花應有意開。含香特珍寵，顧影尚低回。畢竟風流在，從渠火急催。浮華不相待，莊重政徘徊。

〔校注〕

〔1〕轉語：禪宗機鋒往來的關鍵處，稱「玄關」。破「玄關」必須親證實悟。以片言隻語，撥轉對方的心機，使之衝破「玄關」，「柳暗花明又一村」，謂之「轉語」。《禪宗頌古聯珠通集》卷十云：「古人錯只對一轉語，五百生墮野狐身。」

喜花開

落木驚秋晚，黃花徹夜開。便教雙蝶舞，寧是萬牛回。有酒須頻舉，將詩莫浪催。淵明千古意，為汝轉徘徊。

腳婆子

其一

百沸催湯沃，孤燈迫睡昏。復旛餘豕漲，足踰但鷗蹲。一衲包纏密，重衾底裏溫。窮冬為老伴，永夜得深論。

其二

著瓦霜威重，侵窗月色昏。相依紙帳夢，猶勝火爐蹲。伸腳三更穩，回頭一笑溫。溫柔非老事，付與少年論。

絕市無糯旋揳青穗日熬以釀戲成

種秫無多望歲穰〔1〕，無功何日果還鄉。尚無彭澤五十畝，安得謫仙三萬場〔2〕。揳穗昔聞今始見，撥醅未熟且先嘗〔3〕。今年太歲還非酉，慚愧鄰家僅得漿。

〔校注〕

〔1〕秫：高粱。望歲穰：盼望豐收。

〔2〕三萬場：李白《襄陽歌》：「百年三萬六千日，一日須傾三百杯。」白居易《對
　　　酒》：「人生一百歲，通計三萬日。」

〔3〕撥醅：舀取未濾過的酒。

腳婆子〔1〕

　　此姥原無妬與嗔，平生氣類竹夫人。蛾眉漸遣溫柔夢，鴟腹猶疑見
在身。包裹形模才一衲，薰蒸湯沸穩相親。承恩腳底非由貌，啟沃憐儂
夜夜新。

〔校注〕

〔1〕腳婆子：即湯婆子，亦即暖腳銅缶。蘇軾《與楊君素》：「無以表異，輒送暖腳
　　　銅缶一枚，每夜熱湯注滿，密塞其口，仍以布單裹之，可以達旦不冷也。」黃
　　　庭堅《戲詠暖足瓶二首》之二：「腳婆原不食，纏裹一衲足。天明更傾瀉，頰
　　　面有餘燠。」則晨起又可用其中溫水洗臉。同類之作頗多，與竹夫人相同，湯
　　　婆子也傳往東瀛。《和漢三才圖會》卷三十二「家飾類」有湯婆子圖釋云：「按
　　　湯婆以銅作之，大如枕，而有小口盛湯，置褥傍以暖腰腳，因得婆之名。竹夫
　　　人與此以為寒暑懸隔之重器。」

除日失步詩以自解

　　雙腳平生不踏空，誰教仰面看飛鴻。娛親正要同萊子〔1〕，爛醉何曾
過阿戎〔2〕。已分折腰營五斗〔3〕，恐因折臂作三公〔4〕。妻孥不用閒惆悵，
得失從來塞上翁。

〔校注〕

〔1〕娛親：使父母歡樂。萊子：相傳春秋楚老萊子侍奉雙親至孝，行年七十，猶著
　　　五彩衣，為嬰兒戲，即老萊子戲彩娛親的故事

〔2〕阿戎：指晉王戎。南朝宋劉義慶《世說新語·雅量》：「王戎七歲，嘗與諸小兒
　　　遊。看道邊李樹多子折枝。諸兒競走取之，唯戎不動。人問之，答曰：『樹在
　　　道邊而多子，此必苦李。』取之信然。」王戎遂為早慧的典型。後因以「阿戎」
　　　稱美他人之子。

〔3〕折腰五斗：源於《晉書·陶潛傳》：「吾不能為五斗米折腰，拳拳事鄉里小人
　　　邪。」比喻為人清高，有骨氣，不為利祿所動。

〔4〕折臂三公：晉代的羊祜，曾墜馬折斷手臂，官至三公。指貴官墮馬。

新糊小室明簾戲書

先生丈室淨無塵，白紙糊簾莫笑貧。夜靜風嚴褰不動，朝來雪積欲爭新。圍爐只用深藏火，隱几還應暖似春。紙帳一床餘紙被，不妨更作獨眠人。

戲簡林子長〔1〕

其一

溪上園亭處處新，想君屢費橐中銀。鶯窺繡戶煩三請，蝶繞花梢知幾巡。恨不實時謀載酒，恐因暇日得尋春。只愁又隔同年面，卻欠尊前似主人。〔2〕

〔校注〕

〔1〕林子長：林桷（生卒年不詳），字子長，號筆峰，長溪（今福建霞浦）人。紹興二十一年進士，京學教諭，累官右司郎中。與袁說友多有詩歌唱和，袁《和林子長韻二首》有「君詩如淵明」之褒。《直齋書錄解題》卷一八著錄其有《橫堂小集》十卷，今已佚。曾注魏天應編《論學繩尺》十卷。

〔2〕自注：「聞子長餞萬元亨飲梅花下，命侍兒歌以侑酒，萬亦賦詞，僕則未之見也。」

其二

崇桃積李巧爭新，紅勝胭脂白勝銀。車騎每勞鶯命喚，藥欄聊伴蝶遊巡。何須歌舞留連夜，漫與詩篇慰藉春。珍重海棠煩問訊，肯教空谷老佳人。

丁欽夫來宰吾縣幾三年清德美政茲不複道二詩送行意之所寓欽夫固已默喻他日見東夫告出似之發數百里一笑〔1〕

其一

明月從來忌暗投，污渠尤忌映清溝。上書未辦誅屠伯，束帶何曾問督郵〔2〕。袒裼直前當暴虎〔3〕，善刀那見有全牛。區區三仕並三已，喜慍眉間了不留。

〔校注〕

〔1〕丁欽夫：縣宰，餘不詳。

〔2〕束帶：指官服。引申謂公務。

〔３〕袒裼：脫去上衣，裸露肢體。《詩・鄭風・大叔于田》：「襢裼暴虎，獻于公所。」
陸德明釋文：「襢，本又作『袒』」。

其二

綠漲春波到白蘋，高懷寧便憶鱸蓴〔１〕。緣誰一笑理歸棹，為我千岩訪古人。已狎風波浮宦海，可能霄漢隔通津〔２〕。割雞卻歎非吾事〔３〕，況是勞觀亦損神。

〔校注〕

〔１〕鱸蓴：用張翰思歸典。表示思鄉之情或歸隱之志。

〔２〕霄漢：喻指京都附近或帝王左右。通津：喻顯要的職位。

〔３〕《論語・陽貨》：「割雞焉用牛刀。」

夜讀邵堯夫詩戲效其體再賦蠟梅〔１〕

紛紛蜂子競生涯，每到花時輒放衙〔２〕。懸室盡將花作蠟〔３〕，何人翻以蠟為花。姑從凡卉論先後，若比江梅有等差。弄假象真真像假，小兒造物未須誇。

〔校注〕

〔１〕邵堯夫：即邵雍。著有《伊川擊壤集》。

〔２〕放衙：屬吏早晚參謁主司聽候差遣謂之衙參。退衙謂之「放衙」。此比蜂子。

〔３〕作，自注：去聲。

戲和東坡先生牛尾狸詩韻且效其體〔１〕

夜寒那得到簾帷，前擁紅爐後翠眉。未致馬蹄沙水鱉，且嘗牛尾雪天狸。〔２〕菹寒石芥愁辛鼻，鮓熟雛鵝怯帶脂。端的為渠添酒興，紅顏相映玉膚肌。〔３〕

〔校注〕

〔１〕牛尾狸：《燕書》載：趙山之中……牛尾狸亦產焉。狸與肉間錯，味旨甚。當林實秋肥，狸裏飫之，其毛澤澤。狸自料為人所忌，穴山為宮，樹石為棚，聚箑為塿，晝伏夜動，無際可尋。老獵師嗾犬蹤跡之，毀棚壞塿，而煙其宮。狸不能煙也，閉目冒火出，犬隨斃之。

〔2〕自注：「二句皆是梅聖俞詩，今顛倒用之，取其句順。」

〔3〕自注：「夜與兄弟用牛尾狸薦翠濤酒，醉中和成。」

讀樂天詩戲效其體〔1〕

杖屨南坡路不賒，就中景物四時佳。春林競秀烘遲日，雪岫初晴眩曉霞。〔2〕炎夏清風橫一榻，澄秋明月滿千家。〔3〕人生適意須行樂，況是樽前鬢未華。〔4〕

〔校注〕

〔1〕作者仰慕白居易之為人，以「尊白」名堂，並以名集。其讀白樂天詩云：「大節更思公出處，寥寥千載是吾師」，生平志趣可以想見，對其閒適詩多有模仿。

〔2〕遲日：《國風·豳風·七月》：「春日遲遲。采蘩祁祁。」遲日，白天舒緩悠長。

〔3〕清風，明月：《南史·謝譓傳》：「入吾室者，但有清風；對吾飲者，惟當明月。」比喻清閒無事的生活。

〔4〕人生適意：張季鷹「鱸魚膾」典。見《世說新語·識鑒》。

戲書

去年今日到湖州，救得饑民歲又周。〔1〕閱遍炎涼還自笑，坐糜廩餼更何求。〔2〕淵明栗里終歸去，太史周南枉滯留。〔3〕咄咄大鈞何必問，固知薄命與仇謀。〔4〕

〔校注〕

〔1〕湖州：位於太湖南岸的一個著名水鄉，盛產繭絲。

〔2〕糜：浪費。廩餼：舊指由公家供給的糧食之類的生活物資。《南史·蕭正德傳》：「敕所在給汝廩餼。」

〔3〕栗里：晉代大詩人陶淵明的故鄉，位於江西九江。太史周南滯：是借用太史公司馬談故事，比喻自己未被朝廷重用。周南：指今河南洛陽市一帶。《史記》卷一三〇《太史公自序》：「是歲天子始建漢家之封，而太史公留滯周南，不得與從事，故發憤且卒。」白居易《長慶集》卷七十一《詠身》：「周南留滯稱遺老」。

〔4〕咄咄：陳子昂《感遇詩三十八首》其一十七「豈無當世雄，天道與胡兵。咄咄安可言，時醉而未醒。」表示驚詫。大鈞：指天或自然。《文選·賈誼〈鵩鳥賦〉》：「雲蒸雨降兮，糾錯相紛。大鈞播物兮，坱圠無垠。」

歸途庖人先去遠甚饑甚戲書二絕句〔1〕

其一

庖人先去幾多時，賴是先生慣忍饑。捫腹只堪供一笑，窮途何事不差池。〔2〕

〔校注〕

〔1〕庖人：廚師。

〔2〕捫腹：撫摸腹部。飽食後怡然自得貌。唐白居易《飽食閒坐》詩「捫腹起盥漱，下階振衣裳。」窮途：絕路。比喻處於極為困苦的境地。南朝宋鮑照《代升天行》：「窮途悔短計，晚志重長生。」

其二

旌旗小隊引朝官，白叟黃童也聚觀。我似仙人正騎虎〔1〕，饑腸過午未朝餐。

〔校注〕

〔1〕仙人騎虎：見於《東方朔傳》。《古今圖書集成》引其書曰：「朔母死，鄰母拾朔養之，忽失朔，一年乃歸，母見之大驚曰：『兒行經年乃歸，何以慰吾？』朔曰：『兒暫之紫泥之海，遇一蒼虎息於路，初，兒騎虎而還，打捶過痛，虎齧兒腳傷。』母使悲嗟，裂青布裳裹之。」

戲書

其一

淮南豬肉不論錢，下舍應須數擊鮮〔1〕。過午食單毋溷我，飯來開口亦欣然〔2〕。

〔校注〕

〔1〕淮南：指淮河以南、長江以北的地區。今特指安徽省的中部。下舍：家，私宅。《晉書・華表傳》：「（表）頻稱疾歸下舍，故免於大難。」擊鮮：宰殺活的牲畜禽魚，充作美食。《漢書・陸賈傳》：「數擊鮮，毋久溷女為也！」

〔2〕食單：菜單。溷（hùn）：困擾。飯來開口：唐元積《方言》詩之二：「酒熟餔糟學漁父，飯來開口似神鴉。」

其二

軟炊香飯杜陵老，爛煮葵羹玉局仙〔1〕。飽喜饑嗔吾未免，何當辟穀去求玄〔2〕。

〔校注〕

〔1〕香飯：指佛家的飯食。《維摩詰經·香積佛品》：「於是香積如來，以眾香鉢盛滿香飯與化菩薩。」玉局仙：玉局觀提舉的戲稱。蘇軾曾任玉局觀提舉，此借指蘇軾。

〔2〕辟穀：謂不食五穀。道教的一種修煉術。辟穀時，仍食藥物，並須兼做導引等工夫。《史記·留侯世家》：「乃學辟穀，道引輕身。」

郁簿以職事出城且有登臨之勝小詩戲之

想見先生喜見顏，登臨今在翠微間〔1〕。茲遊便是揚州鶴，不用持錢更買山〔2〕。

〔校注〕

〔1〕翠微：指青翠掩映的山腰幽深處。《爾雅·釋山》：「未及上，翠微。」

〔2〕揚州鶴：《淵鑒類函·鳥·鶴三》引南朝梁殷芸《小說》：「有客相從，各言所志，或願為揚州刺史，或願多貲財，或願騎鶴上升。其一人曰，腰纏十萬貫，騎鶴上揚州，欲兼三者。」後以「揚州鶴」形容如意之事。買山：據南朝宋劉義慶《世說新語·排調》載：「支道林因人就深公買印山，深公答曰：『未聞巢由買山而隱』」後以「買山」喻賢士的歸隱。亦用以形容人的才德之高。

和王宰見戲二絕

其一

南浦晴來漲綠波，他鄉春事已無多。〔1〕禪心總作空花觀，孤負尊前一曲歌。〔2〕

〔校注〕

〔1〕漲綠波：春水上漲。

〔2〕空花：佛教語。隱現於病眼者視覺中的繁花狀虛影。比喻紛繁的妄想和假相。《楞嚴經》卷四：「亦如翳人，見空中華；翳病若除，華於空滅。忽有愚人，於彼空華所滅空地，待華更生；汝觀是人，為愚為慧？」

其二

風來瑟瑟暮生波，雨後階前榆莢多。隔葉黃鸝漫愁思，定應春晚不能歌。

連日將行泥塗風雪因作二詩一以自嘲一以自解

其一

薄宦才堪雞肋比，泥塗風雪不償勞〔1〕。折腰始悟青衫左，到底山林一著高〔2〕。

〔校注〕

〔1〕薄宦：官職卑微。李商隱詩《蟬》「薄宦梗猶在，故園荒已平。」表達小官漂泊他鄉的孤獨之情。雞肋：表示沒有多大意義又捨不得丟掉的東西。

〔2〕折腰：《晉書‧隱逸傳‧陶潛》：「吾不能為五斗米折腰，拳拳事鄉里小人耶！」後以「折腰」為屈身事人之典。青衫：唐制，文官八品、九品服以青。唐白居易《琵琶引》：「座中泣下誰最多？江州司馬青衫濕！」後因借指失意的官員。

其二

天公憐我太徒勞，為散冰花洗鬱陶〔1〕。翻覺籃輿清興動，風流不減剡溪高。〔2〕

〔校注〕

〔1〕鬱陶：憂鬱。《尚書古文疏證》卷四《爾雅》解之為喜，後誤認作憂。

〔2〕籃輿：古代供人乘坐的交通工具，一般以人力抬著行走，類似後世的轎子。《宋書‧隱逸傳‧陶潛》：「潛有腳疾，使一門生二兒輿籃輿。」剡溪：水名。曹娥江的上游。在浙江嵊縣南。唐李白《夢遊天姥吟留別》：「湖月照我影，送我至剡溪。」

以蓮心茶送江倅報以剝蝦佳句〔1〕

十指纖纖筍透芽，滿盤紅玉剝須蝦。殷懃念我須分餉，更問鄰家酒得賒。

〔校注〕

〔1〕蓮心茶：亦稱「綠茶蓮心」。產於福建福鼎、霞浦等地的條形烘青綠茶。採摘

大白茶品種一芽二葉，經輕萎凋、殺青、毛火、攤涼、堆積、足火焙乾製成。
細緊纖秀，鋒苗顯露，綠中帶黃，似蓮子芯，香氣清幽含綠豆香。

佳句妙醒鼎至再和以謝

其一

不為河魨賦荻芽，一壺且復薦枯蝦。燈花也似知人喜，來報歸期的
不賒。

其二

荷葉浮錢蒲茁芽，鏡潭寧是照魚蝦。只今風月平分了，便趁鵬程萬
里賒。〔1〕

〔校注〕

〔1〕鵬程萬里：鵬之徙於南冥也，水擊三千里，搏扶搖而上者九萬里。」後因以「鵬
　　程萬里」比喻前程遠大。

薛季宣

薛季宣（1134～1173），字士龍，號艮齋。溫州永嘉（今浙江溫州）人。高宗紹興十九年（1149），年甫十七，即從荊南帥闢寫機宜文字。調鄂州武昌令，改知常熟縣。入為大理寺主簿，進大理寺正。出知湖州，改知常州。未上，卒。然宋人多稱薛常州。著有《書古文訓》十六卷、《浪語集》三十五卷。今錄戲謔詩 12 首。

二十三日送客寒溪還視邑事食時過節推周文猶高臥未起憪然嗟羨以詩戲之〔1〕

驚起周公夢〔2〕，三竿日倍高。被氈吟不用，州縣職徒勞。脂轄驅郵置〔3〕，金車困賊曹〔4〕。幾如陳處士〔5〕，龍臥楚江皋〔6〕。

〔校注〕

〔1〕寒溪：即寒溪堂。《武昌縣志》載：「寒溪堂在縣西樊山東，舊有亭。宋紹興中，縣令薛季宣重修，今廢。」薛季宣於宋紹興三十一年（1161年）任武昌縣令，寒溪堂是年重修。

〔2〕周公夢：周公，周文王之子，武王之弟，成王之叔。《論語·述而》：周公輔武王滅商，孔子很崇拜周公，常常夢見他，年老時，曾感歎：「久矣，吾不復夢見周公。」

〔3〕脂轄：脂車。多謂準備駕車遠行。《左傳·哀公三年》：「校人乘馬，巾車脂轄。」郵置：驛站。《後漢書·郭太傳》：「又識張孝仲芻牧之中，知范特祖郵置之役。」

〔4〕金車：用銅作裝飾的車子。《易·困》：「來徐徐，困於金車。」高亨注：「金車，以黃銅鑲其車轅衡等處，車之華貴者也。」賊曹：漢、魏、兩晉、南朝郡縣均置，主盜賊事。東漢三公府亦置。北朝惟齊清郡及畿縣置。賊曹為「門下五吏」之一。另有門下賊曹之名，或即賊曹。

〔5〕陳處士：即處士陳陶。處士，指未仕或不仕的讀書人。陳陶，唐朝詩人。祖籍廣東。宣宗時，遊學長安，後隱居洪州西山（今江西南昌），終身不仕，詩名甚高。

〔6〕楚江皋：南方水邊之地，代指南方。

觀棋

戰伐徒形似，死生俱妄為。爭先明有法，當局自成迷。多算非關劫，成功定出奇。兩情深海若，不比看人知。

又讀陶靖節詩即次前韻效其體

其一

濁酒自傾盡，陶然忘古今。橫琴寄逸響，聊以寫我心。矯矯兩白鵠，盤旋下曾林〔1〕。此情誰與傳，無弦有遺音。

其二

萬籟夕已息，寧知身是今。浮雲翳青空，油然起無心。寄傲北窗下〔2〕，驟雨落疏林。遊子為三歎，寥寥希大音〔3〕。

〔校注〕

〔1〕曾林：即層林。

〔2〕寄傲：晉陶潛《歸去來兮辭》：「倚南窗以寄傲，審容膝之易安。」寄託狂放的情懷。

〔3〕大音：《老子》：「大方無隅，大器晚成，大音希聲。」希聲，無聲。意謂至大之音則不辨宮商，猶如無聲。後以「大音」指美妙的樂音。

戲寄清虛先生〔1〕

鼾睡懶醒先處士，回光坐照老賓州〔2〕。西來大笑朝天子，一宿不為桑下留〔3〕。

〔校注〕

〔1〕清虛先生：陳摶（872～989），字「圖南」，號「扶搖子」、「希夷先生」（「希」
指視而不見，「夷」指聽而不聞），常被視為神仙，尊稱為陳摶老祖、希夷祖師
等。主張以睡眠，休養生息，時常一眠數日，人稱睡仙。

〔2〕自注：「陳摶、王鞏皆有清虛之號。」賓州：唐貞觀五年（631 年）置賓州，宋
元相沿。今廣西賓陽縣地。

〔3〕「西來」二句：宋太祖趙匡胤定了天下之後，想起了老朋友陳摶，屢次差官迎
取陳摶入朝，陳摶不肯。後來趙匡胤發出「手詔」，陳摶向使者說：「創業之君，
必須尊崇體貌，以示天下，我等以山野廢人，入見天子，若下辭，則違吾性；
若不下辭，則褻其體。是以不敢奉詔。」而且，於詔書之尾寫四句附奏，曰：
「九重天詔，休教丹鳳銜來，一片野心，已被白雲留住。」使者回朝以後，將
情況如實稟報，太祖笑而置之。「一宿」：《四十二章經》「樹下一宿」的故事，
敘述天神獻了一個美麗異常的玉女給佛，佛說：「革囊眾穢，爾來何為？」《四
十二章經》：「佛言：剃度鬚髮，而為沙門。愛道法者，去世資財，乞求取是。
日中一食，樹下一宿。慎勿再矣，使人愚蔽者，愛與欲也。」

戲作贈別效東坡體次其韻

茹菜羹時嘗苦憶，摴蒱無路塞行期〔1〕。難逢莫恨絲長斷，金鎖開緘
自有時〔2〕。

〔校注〕

〔1〕茹菜：蓍菜。摴蒱：古代博戲名又稱五木之戲。遊戲時用骰五枚，其骰上黑下
白，黑者刻二為犢，白者刻二為雉。全黑曰：「盧」，其採最大。二白三黑為雉，
其採次之。二黑三白為犢，採又次之。全白為白，其採第四。漢代即有之，晉
時尤盛行。後為擲骰的泛稱。

〔2〕開緘：開拆（函件等）。

嘲欲借予雜稿者

其一

神文道本可言形，退也能藏用即行。要得任牽驢狗在，無端何似借
書生。

其二

郎君到底亦何知，奪卷書生真數奇。惡語故應多艾氣，殘藤無用寫來詩。

晚雨朝霽林端煜然望之皆寶珠也戲作四十字

晚雨在林麓，朝來弄晴曦。瀾翻漾明月，粲爛生摩尼〔1〕。撒殿固無事〔2〕，雨天亦何為。少須風景麗，去去將安之。

〔校注〕

〔1〕摩尼：梵語寶珠的譯音。也作「末尼」。晉葛洪《抱朴子·廣譬》：「摩尼不宵朗，則無別於磧礫。」

〔2〕撒殿：古代南海注輦三佛齊等國使節，謁見他國皇帝時，將真珠、龍腦、金蓮花等撒在殿堂上，稱之為「撒殿」。為其國致敬之禮。（注輦，位於今印度南部；三佛齊，亦稱舊港，位於今印度尼西亞的蘇門答臘。）宋沈括《夢溪筆談》：「熙寧中，珠輦國使人入貢，乞依本國俗撒殿，詔從之。」

中秋對月戲呈覓舉諸兄〔1〕

君不見決明混沌江之湄，含胎吸月懷清輝。圓淨唾將珠與璣，又不見明視中原雲月靜。跳擲迴旋顧形影，生兒往往皆毛穎〔2〕。由來逐物未忘機，勞生吞吐知惟時〔3〕。觀美為人奚以為，獨坐金風塵慮省〔4〕。皓月斜河星耿耿，草頭薄露侵膚冷。平生不解飲和歌，無人對月醉顏酡〔5〕。月朗清秋奈月何，睡思揭來剛引領。林岫參差弄光景〔6〕，不知月已沈西嶺。

〔校注〕

〔1〕覓舉：謂古代士子請託以求舉用。《通典》卷十七《選舉》：「故俗號舉人為『覓舉』。夫覓者，自求之稱，非人知我之謂也。」

〔2〕毛穎：毛筆的別稱。因唐韓愈作寓言《毛穎傳》以筆擬人，而得此稱。

〔3〕忘機：道家語，意為消除機巧之心。常用以指甘於淡泊，忘掉世俗，與世無爭。勞生：《莊子·大宗師》：「夫大塊載我以形，勞我以生，佚我以老，息我以死。」後以「勞生」指辛苦勞累的生活。

〔4〕金風：秋風。塵慮：《聲律啟蒙》上卷：「塵慮縈心，懶撫七絃綠綺。」

〔5〕醉顏酡：酒醉後臉色發紅。

〔6〕林岫：叢林群山。泛指山林。

二同舍賦鄂城篇見和，文高格古，端不可及，而仙尉王文措辭侈甚，可以參諸臺符，羽檄間復次元韻戲酬〔1〕

生春暖律誰能吹，寸心萬里何當馳〔2〕。威加海內念方國，也思猛士歌雲飛〔3〕。狂遊不識今與古，闉闍便作潭潭府〔4〕。試憑野叟問吳婆〔5〕，賜不如回吾與汝。高高無事幕穹蒼，湖天無雲湖水茫。吳楚爭桑如有頃，東鄂幾人全首領〔6〕。古時封國今為墟，此心觀古應焚如。歸歟衲被蓋頭臥，何妨沸鼎遊如魚〔7〕。舌柔長在強於齒，人間萬事渾如此〔8〕。君不見老聃彭祖俱長年，火化仙乘□□煙〔9〕。

〔校注〕

〔1〕鄂城：位於湖北。鄂城俗名為吳婆城。仙尉：仙尉（唐）縣尉別稱。由漢南昌縣尉傳說「成仙」而得名。《全唐詩》一四四常建《送楚十少府》：「愁煙閉千里，仙尉其阿如。」臺符：喻指宰相之職權如中階，有承上啟下之功用。《漢書·東方朔傳》「願陳《泰階六符》」唐顏師古注：「孟康曰：『泰階，三臺也。每臺二星，凡六星。符，六星之符驗也。』應劭曰：『泰階者，天之三階也。上階為天子，中階為諸侯公卿，下階為士庶人。』」羽檄：古代軍事文書，插鳥羽以示緊急，必須迅速傳遞。

〔2〕暖律誰能吹：暖律吹灰。古代以時令合樂律，把「葭」製成灰，放在「十二樂律」的玉管之中，因為熱脹冷縮的原理，到了某一節令，灰便自動從管中飛出來。測節氣。暖律，即溫暖的節候。

〔3〕劉邦平定淮南王英布的叛亂，曾返歸故鄉沛縣作短暫的停留。他與故鄉父老子弟飲酒述懷，慷慨作《大風歌》：「大風起兮雲飛揚，威加海內兮歸故鄉，安得猛士兮守四方！」這首歌表達了劉邦取得勝利歸返故鄉的豪邁的心情和遠大的志向。

〔4〕闉闍（yīn dū）：古代城門外甕城的重門。《詩·鄭風·出其東門》：「出其闉闍，有女如荼。」毛傳：「闉，曲城也。闍，城臺也。」馬瑞辰通釋：「闍為臺門之制，上有臺則下必有門，有重門則必有曲城，二者相因。『出其闉闍』謂出此曲城重門。」後泛指城門或城樓。潭潭：深邃貌。

〔5〕「吳婆」自注：「俗名鄂城為吳婆城。」

〔6〕吳楚爭桑：《史記·吳太伯世家》：「初，楚邊邑卑梁氏之處女與吳邊邑之女爭
　　桑，二女家怒相滅，兩國邊邑長聞之，怒而相攻，滅吳之邊邑。吳王怒，故遂
　　伐楚，取兩都而去。」後用為邊境不寧的典實。

〔7〕衲被：補綴過的被子。沸鼎遊魚：南朝梁丘遲《與陳伯之書》：「而將軍魚遊於
　　沸鼎之中，燕巢安於飛幕之上，不亦惑乎？」魚在開水鍋中游動，燕子築巢在
　　飄動的帷幕之上。常用來比喻危險近在眼前。

〔8〕舌柔：《道德經》：「故柔勝剛。舌柔齒剛，齒先舌亡。」彭祖：傳說中的人物。
　　因封於彭，故稱。傳說他善養生，有導引之術，活到八百高齡。

〔9〕原文此句原缺二字，浙江圖書館藏清抄本作五言句，不缺字。

春愁詩效玉川子〔1〕

　　春陰苦亡賴，巧解窮雕鎪。入我方寸間，釀成一百萬斛傷春愁〔2〕。
我欲挹此愁，寸田無地安愁罌。沃以一石五斗杜康酒，醉心還與愁為謀
〔3〕。愁腸九轉疾車轂，擾擾萬緒何綢繆〔4〕。愁思倘可織，爭奈百結不
可紬〔5〕。我與愁作惡，走上千尺高高樓。千尺遊雲漢，只見四極愁雲
浮。都不見銅盤之日，缺月之鉤。此心莫與明，愁來壓人頭。逃形入冥
室，關閉一已牢。周遮四壁間，羅幕密以綢。愁來無際畔，還能為我添
幽憂。我有龍文三尺之長劍，真剛不作繞指柔〔6〕。匣以明月通天虹玉
燭銀之寶室，可以陸剸犀象水斷潛伏之蛟虯〔7〕。云昔黃帝軒轅氏，用
斬銅頭鐵額橫行天下之蚩尤。擬將此劍斬愁斷〔8〕，昏迷不見愁之喉。
若士為我言，子識愁意不〔9〕。愁至不亡以，愁生有來由。閒愁不足計，
空言學莊周。日中之景君莫避，處陰息景景不留。疾行嫌足音，不如莫
行休〔10〕。因知萬慮為縈愁之繮，忘懷為遣纍之舟。歸來衲被蓋頭坐，
從他鼻息鳴駒駒〔11〕。取友造物先，汗漫相與遊。朝躋叫閶闔，夕駕棲
丹丘〔12〕。天公向我笑，金母為我謳〔13〕。酌我以瓊漿玉液朝陽沆瀣之
濃齊，俾我眉壽長千秋〔14〕。卻欲強挽愁作伴，愁忽去我無處蹤跡尋行
輈。惟有春華鬥春媚，一一舊絢開明眸。又有平蕪綠野十百千萬頭鈍悶
耕田牛，踏破南山特石頭。

〔校注〕

〔1〕玉川子：唐代詩人盧仝的號。

〔2〕萬斛：極言容量之多。古代以十斗為一斛，南宋末年改為五斗。

〔3〕杜康：傳說為最早造酒的人。五斗：用以指微薄的官俸。《晉書・隱逸傳・陶潛》：「郡遣督郵至縣，吏白應束帶見之，潛歎曰：『吾不能為五斗米折腰，拳拳事鄉里小人邪！』義熙二年，解印去縣。」

〔4〕車轂：車輪中心插軸的部分。亦泛指車輪。

〔5〕紬：抽引、整理。

〔6〕龍文：龍形的花紋。「真剛不作繞指柔」反用晉朝詩人劉琨《重贈盧諶》「何意百鍊剛，化為繞指柔」的詩意，表明這把寶劍的堅硬，寧折不彎。

〔7〕通天、虹玉、燭銀：都是珍寶名。

〔8〕斬，四庫本作「斷」。

〔9〕若士：從《莊子・秋水》裏對河伯講大道的「北海若」化來，「若」，據說是北海之神。若士勸詩人學莊周以解愁。

〔10〕「日中」四句：化用《莊子・天下》裏批評惠施的「窮響以聲，形與影競走」的語意。日光下的影子是躲避不了的，站在陰處，影子自然不留；快步走路而惡足音是不行的，停止不走，足音自然消失。

〔11〕齁齁（hōu）：鼻息聲。

〔12〕閶闔：傳說中的天門。《楚辭・離騷》：「吾令帝閽開關兮，倚閶闔而望予。」丹丘：亦作「丹邱」。傳說中神仙所居之地。《楚辭・遠遊》：「仍羽人於丹丘兮，留不死之舊鄉。」

〔13〕金母：即西王母，因西方屬金，故稱金母。

〔14〕朝陽，沆瀣：《遠遊》：「饗六氣而飲沆瀣兮，漱正陽而含朝霞。」王逸注：「朝霞者，日始欲赤黃氣也。沆瀣者，北方夜半氣也。」

周　孚

　　周孚（1134，1135～1177），字信道，自號蠹齋，人稱蠹齋先生。濟南（今山東境內）人，寓家丹徒（今江蘇鎮江）。自幼天資穎悟，勤奮好學。孝宗乾道二年（1166）進士。辛棄疾以兄事之。乾道八年，以左迪功郎為真州州學教授。卒於任。有《蠹齋鉛刀編》傳世，存詩三百七十首。今錄戲謔詩 11 首。

戲洪致遠〔1〕

　　不妨一斛貯檳榔，蘭玉詵詵已雁行〔2〕。可是譽兒元有癖，未應辟穀獨無方。玉川此際貧雖甚，稠錫他年債已償〔3〕。世事乘除君記取，擊鮮從古是諸郎〔4〕。

〔校注〕

〔1〕明抄本注：致遠食貧子眾。　　洪致遠：不詳其人。周孚有《以洪致遠屢來問詩，作長句遺之》詩。

〔2〕蘭玉：形容子弟才能卓越，出人頭地。東晉謝安問家中諸位子侄：「為什麼身為父母的人都盼望自家子弟品學兼優、出類拔萃呢？」子侄中無人回答，車騎將軍謝玄答道：「這就像芝蘭玉樹，人們都希望它能生長在自家的庭院中。」見《藝文類聚》卷八一引《語林》。詵詵：眾多貌。《詩·周南·螽斯》：「螽斯羽，詵詵兮；宜爾子孫，振振兮。」毛傳：「詵詵，眾多也。」

〔3〕稠錫：即稠錫和尚，名清晏，浙江桐廬人。唐玄宗開元年間至義興（今宜興）南嶽，忽聞膝間有嬰兒聲，覺尚有塵緣，乃建庵住錫，並在山下與一寡婦結婚，

生下二子。後別妻歸寺，眾僧不納。一日偕一虎來，眾僧驚走，稠錫和尚招之曰：「勿怖，今欲與汝輩決去留耳。吾果不能住此，虎當吃我；如可再居，此虎即繞身三匝。」言未已，虎繞行如數。眾乃請止。庵前有池，師即剖腹洗腸，以示斬斷塵緣，進入演法。後飛錫於黃岩之白龍山，有神侍立左右。事見《浙江通志‧仙釋》引《虎薈》。

〔4〕擊鮮：宰殺活的牲畜禽魚，充作美食。

戲題枯木

老矣木居士〔1〕，蒼皮今幾圍。輪囷臥澗壑〔2〕，吾與汝同歸。

〔校注〕

〔1〕木居士：對枯木的戲稱。唐韓愈《題木居士》詩之一：「火透波穿不計春，根如頭面幹如身，偶然題作木居士，便有無窮求福人。」

〔2〕輪囷：碩大貌。《禮記‧檀弓下》：「美哉輪焉。」漢鄭玄注：「輪，輪囷，言高大。」

今秋麥大熟北客所願也戲作詩寄王季裴

覆塊初驚綠未蘇，轉頭飛雪上齋盂〔1〕。腥鹹此際寧愁子，餅拓今年不負吾〔2〕。蜀豉加鹽還記否，湘蒿薦箸有詩無。為君一洗南烹惡，從此儒仙莫怨臞〔3〕。

〔校注〕

〔1〕覆塊：指麥苗遮蔽田壟。齋盂：農曆七月十五為中元節，俗稱「七月半」，據說此日陰府鬼魂放出到人間覓食，家家需辦豐盛肴饌祭祀祖先，並普施無主孤魂。後佛教也定此日舉行盂蘭盆齋。

〔2〕餅拓：湯餅的別名。古代一種水煮的麵食。

〔3〕儒仙：對容貌慈祥的長壽老人的尊稱。宋張孝祥《畫堂春‧上老母》詞：「方瞳綠髮對儒仙，歲歲尊前。」

戲贈楊德駿〔1〕

風流楊伯起，相遇紫髯城〔2〕。逸思何軒豁，高懷更坦平。秦冠空自累，漢賦幾時成。莫作敲榜想，鴛鴦亦易驚。

〔校注〕

〔1〕楊德駿：不詳其人。周孚有《送楊德駿序》。

〔2〕楊伯起：楊震，字伯起，東漢人。楊震為人清廉忠直，博學，有「關西孔子」
之譽。後官太尉，因諫除姦佞，被誣飲鴆而死。後朝廷感其忠，為其重新禮葬。
事見《後漢書‧楊震傳》。後或以「楊震」稱美忠直賢能的官吏。方干《登新
城縣樓贈蔡明府》：「楊震東來是宦遊，政成登此自消憂。」紫髯城：即金陵。
周孚《送張子和之金陵》詩云：「轉蓬相遇紫髯城，老眼昏昏喜再明。與世多
違真俗債，於身無益是虛名。」

讀劉丈元畸四傳戲題二首

其一

使長河作酥酪，真赤手攬象犀。斯文誰解捉搦，此老大能滑稽。

其二

知音止老柳州，如君亦奚斯流。真復煩管城子〔1〕，端不數下邳侯。
〔2〕

〔校注〕

〔1〕管城子：韓愈作寓言《毛穎傳》，稱筆為管城子。後因以「管城子」為筆的別
稱。

〔2〕自注：《革華傳》非退之文，《因話錄》言之。　　下邳侯：指鄒忌。《史記》
上記載，齊威王三十二年（前335），鄒忌被齊威王封於下邳，號曰成侯。

戲題小庵畫軸三首

其一

扁舟渺渺入平湖，秋葉經霜半已無。不是幽林欠殘雪，為君題作剡
溪圖。〔1〕

其二

一落黐維中〔2〕，永別嘯雲友。秋月耿寒林，時來夢中否。〔3〕

其三

當時餓鷗箭，驚皇無復魂。困臥階下草，深愧主人恩。〔4〕

〔校注〕

〔1〕自注：寒林平遠。　　剡溪：水名，在浙江曹娥江之上游。《太平寰宇記》：「剡溪在剡縣南一百五十步，一源出台州天台縣，一源出婺州武義縣，即王子猷雪夜訪戴逵之所，亦名戴溪。」

〔2〕縶維：拴馬的繩索。引申指束縛。晉葛洪《抱朴子·博喻》：「若乃求千里之跡於縶維之駿，責匠世之勳於劌碎之賢，謂之不惑，吾不信也。」

〔3〕自注：㺍。

〔4〕自注：䴏。

離山陽戲次庭藻韻簡叔異二首〔1〕

其一

匆匆掠面只黃沙，行盡孤城不見花。政是江南好時節，暖風吹柳欲藏鴉。

其二

去日寒亭尚有梅，歸來已過海棠開。叩門剝啄家人笑，驚怪安西老友回。

〔校注〕

〔1〕庭藻：即南宋僧庭藻，生平不詳。《宋史·藝文志》小說類著錄其《續北齊還冤志》一卷。周紫芝有詩《次韻庭藻題寒林渭川二圖二首》。

王　質

　　王質（1135～1189），字景文，號雪山，原籍鄆州（今山東東平），寓居江西興國軍（治今湖北陽興）。高宗紹興三十年（1160）進士。孝宗朝，為樞密院編修官，出判荊南府。詩風流暢俊爽，近似蘇軾，亦以蘇軾繼承人自命。著有《雪山集》《雪山詞》《紹陶錄》《詩總聞》。今錄戲謔詩 8 首。

永興丞以皓雪鮮梅奇語見示戲占閒人浪辭酬之〔1〕

　　四海一山玉，切作冠巑岏〔2〕。冠上戴明月，履下踏飛湍。肺腸裹林壑〔3〕，表裏交珊珊。上界雪可飽，下土人希餐。三春鎮長在，九夏何曾殘〔4〕。大千舊蔔林，鉅萬梅花團。花惟白皓皓，巾自烏漫漫。純玉龍爭飛，雜玉龍皆蟠。千丈亭不歷，九尺庵隨看。〔5〕摩雲起高崖，運斤吾能刊。書空結奇字，擘鏡誰能觀。須彌有數盡〔6〕，此興無時闌。

〔校注〕

〔1〕永興丞：興國軍屬下永興縣縣丞。

〔2〕巑岏：山高銳貌。鮑照《登廬山望石門》詩：「嶄絕類虎牙，巑岏象熊耳。」

〔3〕肺腸：自有肺腸，指人對事抱有和別人截然不同的想法。含貶義。比喻心思。
　　《詩經・大雅・桑柔》；「自有肺腸，俾民卒狂」。

〔4〕九夏：指夏季的九十天，即農曆的四、五、六月。

〔5〕自注：沈存中有觀雪庵，其制在《忘懷錄》。

〔6〕須彌：原是梵文音譯，相傳是古印度神話中的名山，佛經中稱為「曼陀羅」。
　　據佛教觀念，它是諸山之王，世界的中心，為佛家的宇宙觀。

荷柳松竹贈答

王子景文，蕭散人也。涉暑，即旁求水石茂林嘉木攘之。惟饒閒，故此念多酬，其所得不貲矣。權輿起辛巳，推遷至辛丑，逾二十年，營巢寢就緒，全體山僧道人之廬，非火宅也。或者野之，麋鹿山林自本性，豈故為崖異者耶。有荷有柳，松竹兼之。歲久，成魁幹，成厚陰。於素忌稍銷，雖趨此門，微有所省，變熱惱為清涼，亦無情而有趣者助也。一日偃仰竹榻，酬酢湖風意，取故書翻之，見香山《雞鶴贈答》凡二，玉川客《石竹贈答》又加遜，章凡三。香山有競物之心焉，玉川則展轉推卻，避世而離俗者也。寧為盧，勿為白。戲效其體為之，然不全規摹；亦在我者，咸隨人焉難也，小異何傷乎。〔1〕

僕贈荷

僕贈荷，吾友清陰多。為我生涼飆，寒輝相蕩摩。姑徐徐，勿急急，攲爾綠玉盤，傾爾白玉粒。

荷遜柳

荷遜柳，短茁非修莖。焉如子妙密，騰起敷層陰。明月上，子勿障，主欲務遐觀，清宇任昭曠〔2〕。

柳遜竹

柳遜竹，弱植短奇節。戛玉仍鏗金，難攀子清絕。主睡酣，毋驚醒，遲主江湖歸，相與獻清影。

竹遜松

竹遜松，古氣摩空纏。鐵石作風骨，可以班主賢。虛空中，走河海，主不好世音，子盍宏天籟。

松答僕

松答僕，奉主願盡心。護以虯龍威，娛以金玉音。〔3〕作炎夏，作凜秋，願主愛玉體，五夜增輕裘。

〔校注〕

〔1〕「權輿起辛巳，推遷至辛丑，逾二十年」一句：辛巳即紹興三十一年（1161），辛丑即淳熙八年（1181），計二十一年，故謂「逾二十年」。

〔2〕昭曠：開朗豁達。漢鄒陽《獄中上書自明》：「秦信左右而亡，周用烏集而王，
　　何則？以其能越拘攣之語，馳域外之義，獨觀於昭曠之道也。」南朝宋謝靈運
　　《富春渚》詩：「懷抱既昭曠，外物徒龍蠖。」

〔3〕金玉音：《詩經・小雅・白駒》：「生芻一束，其人如玉。毋金玉爾音，面有遐
　　心。」此處指美好的音樂。

和游子明效李長吉體二首〔1〕

其一

江楓搖落秋吹清，吳波夜澄孤槳橫。白蘋花老浪紋淺，的皪背荷雙
鷺明〔2〕。煙嶼雲岑楚江遠〔3〕，三更夢歸五更返。斜陽影外遠山稠，千
里不遮南望眼。

〔校注〕

〔1〕游子明：名次公，建安人，號西池、南寧，又號寒岩，建安（今福建建甌）人。
　　乾道末（約1173）為范成大幕僚；曾為安仁令。淳熙十四年（1187）以奉議郎
　　通判汀州。與范成大交厚，范帥桂林日，他曾入幕，常有詩詞唱酬。生卒年及
　　平生事蹟未詳。

〔2〕的皪（lì）：潔淨明亮貌。

〔3〕楚江：此處指湖南境內的長江。

其二

樹頂參差山髻青，漫漫秋浦無人行〔1〕。征衫塵土老歲月，梧桐秋風
桃李春。水寒露冷蒹葭濕，屬玉橫江孤影直〔2〕。波紋搖盡九秋香，菱
葉團圓水花碧。

〔校注〕

〔1〕秋浦：即秋浦河，源出今安徽石臺縣西南，東北流至貴池市西北入長江。

〔2〕屬玉：《文選・司馬相如〈上林賦〉》：「駕鵝屬玉。」郭璞注：「屬玉，似鴨而
　　大，長頸赤目，紫紺色者。」